济南文物精粹

考古卷

济南市文物局 济南市考古研究所 济南市博物馆 编

文物出版社

图书在版编目（CIP）数据

济南文物精粹．考古卷 ／ 济南市文物局编．－－ 北京：
文物出版社，2018.5
ISBN 978-7-5010-5533-3

Ⅰ．①济… Ⅱ．①济… Ⅲ．①文物－济南－图录
Ⅳ．①K872.521.2

中国版本图书馆CIP数据核字(2017)第310387号

济南文物精粹·考古卷

编　　者：济南市文物局　济南市考古研究所　济南市博物馆

责任编辑：贾东营

摄　　影：刘小放　郑　华　宋　朝

责任印制：梁秋卉

出版发行：文物出版社

社　　址：北京市东直门内北小街2号楼

网　　址：http://www.wenwu.com

邮　　箱：web@wenwu.com

经　　销：新华书店

制版印刷：北京图文天地制版印刷有限公司

开　　本：889mm×1194mm　1/16

印　　张：15.5

版　　次：2018年5月第1版

印　　次：2018年5月第1次印刷

书　　号：ISBN 978-7-5010-5533-3

定　　价：280.00元

《济南文物精粹·考古卷》编委会

● 主　　编　崔大庸

● 本卷主编　李　铭

● 本卷副主编　郭俊峰　刘秀玲

● 本卷参与编写和拍摄的人员（按姓氏笔画为序）

于　茸	于秋伟	王树德	王惠明	方　辉
田继宝	史本恒	邢　琪	刘会先	刘丽丽
刘秀玲	李　芳	李　铭	李晓峰	杨海燕
吴桂荣	何　利	张幼辉	张守林	昌　芳
房　振	房道国	郝素梅	柴　懿	郭俊峰
常　祥	崔大庸	商大鹏	普武正	熊建平

前　言

济南市是国家级历史文化名城，境内地上地下文物十分丰富，也是我国现代考古的首始地之一，是著名的龙山文化的发现地与命名地，早在九千年前就有人类生活在这片土地之上。新中国成立以来，博物馆事业和考古工作均得到了长足的发展。作为山东省省会所在地及山东省的文化中心，济南市博物馆和济南市文物店利用这些优越的条件，几十年来收藏了大量珍贵文物，为较好地展示区域文化提供了良好的基础。境内的考古工作在省内外科研机构与高校的共同努力下，取得了令人注目的成绩，先后有城子崖遗址、西河遗址、仙人台周代墓地、双乳山济北王陵、洛庄汉墓陪葬坑、危山兵马俑陪葬坑、大辛庄遗址等获得年度全国十大考古新发现，其密集度在同类城市中尚属少见。孝堂山汉代画像石祠、隋代四门塔、灵岩寺宋代彩塑罗汉像等，更是著名中外。所有这些共同构成了这座古城的丰厚内涵。

济南市博物馆创建于1958年12月，现馆址坐落于著名的千佛山风景区西侧，占地面积8500平方米，1997年正式投入使用。2011年9月，济南市博物馆与济南市文物店进行了历史性的整建制合并，形成了编制80人、藏品十余万件的新型国有博物馆，意义深远。

济南市博物馆是一座地方综合性博物馆，主要承担着全市可移动文物的收藏保管陈列宣传和科学研究工作。自建馆以来，始终以宣传历史唯物主义和爱国主义教育为己任，经过几代人坚忍不拔的团结努力，在考古发掘（济南市考古研究所成立之前）、藏品征集、陈列展览、文物普查、科学研究等方面做了大量的工作，作出了积极地贡献。先后举办的几百个专题展览，赢得了广泛社会影响，特别是改革开放初期的1985年11月，应邀赴友好城市日本和歌山市举办了"济南历史文物展"，开创了山东省在国外举办地区性文物展览的先河。馆藏文物精品也曾多次随国家级、省级组织的文物大展到国内外展出，为促进文化交流，提高济南市的知名度发挥了积极作用。

济南市博物馆在举办各种特色展览的同时，还注意不断丰富藏品，尤其在古代书画方面极具特色。原济南市文物店是山东省最早的国有文物商店之一，积五十年之力，收集保存了大量文物精品，极大地丰富了合并后的新博物馆的馆藏。

藏品中不少文物是国内的稀世珍品，如新石器时代的"透雕象牙梳"、商代青铜错金目纹戈、春秋时期"鲁伯大父媵季姬铜簠"、西汉早期墓中出土的"彩绘乐舞杂技陶俑"等均属罕见之物。唐代石质透雕仙人凤鸟车、金银平脱镜、铜官窑犀牛瓷枕、宋代当阳峪窑剔地刻花瓷枕、元代釉里红玉壶春瓶、明代宣德青花束莲纹大盘、清代康熙五彩人物瓶、清乾隆御题于阗采玉图玉山子等，都是一代精品。另外，法书绘画在藏品中数量较大，精品较多，尤以明清书画为大宗，如北宋郭熙派的山水、元代著名画家盛懋《秋溪垂钓图》、"元季四大家"中倪瓒《高柯竹石图》、明代王谔《月下吹箫图》、林良《芦荡雁嬉图》、张路《桐荫望月图》、周臣《雪日寻隐图》、陈洪绶《达摩图》、蓝瑛《山水屏》、张翀《饮中八仙图》等。清代有王翚、石涛、郑板桥、黄慎、李鱓等人的精品。书法藏品中也不乏明代解缙、张弼、祝允明、文徵明、陈洪绶等，以及清代王铎、傅山、高凤翰、郑燮、刘墉等名家之作。另外，文房四宝、杂项类也有其独特之佳作。

济南市考古研究所正式成立于 1997 年 12 月，全额预算事业单位，编制 8 人。2000 年 9 月，编制增为 30 人。主要承担着济南地区的文物普查、考古调查、勘探、抢救性发掘、文物修缮保护及科学研究等工作。2010 年获得团体领队考古发掘资质。

自建所以来，在考古调查与发掘、文物保护与修缮等各项工作中均取得重大成果，得到考古学界和社会各界高度评价。先后完成了济南东绕城高速路段的调查与发掘，以及十亩园遗址、七家村宋代墓群、平阴西山墓群、章丘洛庄汉墓、长清月庄遗址、章丘危山汉陶俑坑、历城大辛庄遗址、长清大觉寺汉墓、章丘马安遗址、历城唐冶遗址、历城张马屯遗址、章丘女郎山墓群等发掘工作，取得重大考古发现。特别是洛庄汉墓祭祀坑与陪葬坑的发掘、危山汉陶俑坑的发掘、大辛庄商代遗址的发掘分获 2000、2003、2010 年度全国十大考古新发现，大大提高了济南市文物保护的影响力。

城市考古是济南市考古研究所业务工作的重要方面，十余年来执着追求，取得许多突破性进展。2002 年高都司巷遗址是第一次在古城区内进行的大规模发掘，老城区考古的帷幕从此拉开。第一次了解到在古城内西部的地下文化层堆积达 6 米左右，上起春秋战国下至明清，出土了大量陶瓷器等文物。此后，城市考古项目接踵而来。先后组织了对旧军门巷、县西巷、按察司街、运署街、文庙、趵北路老城墙、巡抚大堂后殿、大明湖扩建区域、和平路 47 号墓地、省府前街、卫巷、大明湖钟楼、小明湖、天地坛街、黑虎泉路、魏家庄、刘家庄、宽厚所街等遗址的大规模抢救性发掘，为济南市的城市发展史提供了不可多得的实物资料。出土了大量精美的、科学研究价值较高、甚至极高的文物，不仅为区域文化的研究提供了难得的实物资料，而且为全国性的考古学研究也提供了有重要价值的资料。

为了更好地展示济南地区悠久的历史文化，以及文物考古事业的发展兴盛，我们特别选择了以济南市博物馆和济南市考古研究所为主，兼及其他文物考古部门的藏品，重点以出土于济南的文物为主，从中选择了一批在时代和种类上有代表性的文物，编辑成本图册，以期从一个侧面能较全面地反映济南文物保护与考古研究的成果。

　　本图册的编辑得到了山东大学博物馆、山东省博物馆、山东省文物考古研究所、长清区博物馆、章丘博物馆、商河县博物馆、平阴县博物馆、济阳县博物馆等单位的大力支持，在此一并表示感谢。

编　者

2015 年 9 月

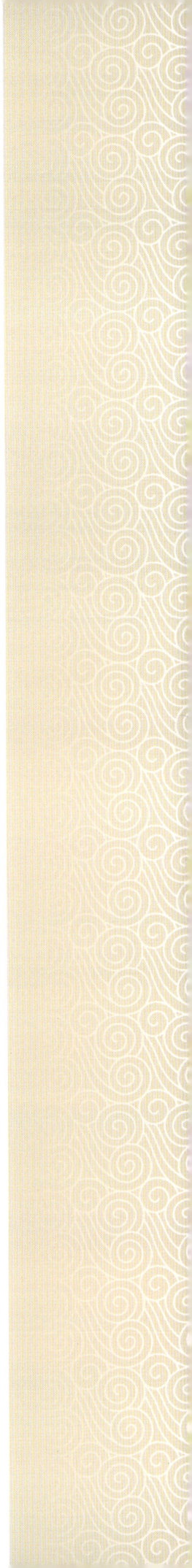

目
录

石　器

陶　器

瓷　器

玉　器

铜　器

杂 器

章

丘西河遗址、小荆山遗址、长清月庄遗址、历城
张马屯遗址等均为后李文化的典型遗址，出土了
大量石制品。1991 年小荆山遗址的发掘，发现了大量石器，
其中以石磨棒、石斧、石支脚数量较多，器型完整，具有代
表性。

岳石文化的石器曾在章丘城子崖遗址、马安遗址等发掘
出土过。马安遗址出土的完整双孔石刀是岳石文化最为典型
的石制器物。

长清仙人台邿国墓地出土的两套编磬，均为实用器，
是难得的精品。汉代的石制品以洛庄汉墓陪葬坑中出土的编
磬最具学术价值，在 14 号陪葬坑中共发现 6 套 107 件实
用编磬，几乎相当于汉代考古中已发现的实用编磬的总和。

自魏晋至唐宋，济南一直是佛教繁荣昌盛的重要区域，
周围千佛山、黄石崖、龙洞、神通寺、玉函山等山上均有大
量的石刻造像，但是地下佛像出土比较少见，2003 年 7 月
至 8 月，配合县西巷道路改造的考古发掘中，发现了一批包
括佛教窖藏、宋代地宫等在内的重要文化遗迹，取得重要考
古成果，一次性出土从北朝到宋代的佛教造像 80 余尊，在
国内引起轰动。这些佛像虽已残缺不全，但其数量多、密度
大、雕刻精、制作细，而且大部分都有彩绘、贴金，在济南
地区已出土的佛像中均属上品，对研究济南地区佛教的发展
和雕刻艺术均具有非常重要的意义。

石磨棒

后李文化（公元前 6400—公元前 5700 年）

长 41、宽 6.1、厚 6.6 厘米

1991 年章丘小荆山遗址出土，现藏于济南市博物馆。

工具。青砂岩质，磨制，长条形，磨面微弧。

石斧

后李文化（公元前 6400—公元前 5700 年）
长 9.5、刃宽 5.2 厘米

1991 年章丘小荆山遗址出土，现藏于济南市博物馆。

工具。平面近梯形，弧背，弧刃，横截面呈椭圆形，刃部有使用痕迹，通体磨光。

石刀

岳石文化（公元前 2000—公元前 1600 年）
长 10.4、宽 3.8、厚 1.3 厘米

2004 年章丘马安遗址出土，现藏于章丘博物馆。

农业用具。石灰岩质，磨制，半月形，对钻双孔，弧背，双面刃。

最小者长 20、大者长 62 厘米。

2000 年章丘洛庄汉墓出土，现藏于济南市考古研究所。

灰色、石灰岩质，素面，磨光，鼓博处有磨制的调音痕迹。下端有的刻有文字。

石磬

西汉（公元前 206—公元 8 年）
最小者长 20、大者长 62 厘米。

2000 年章丘洛庄汉墓出土，现藏于济南市考古研究所。

灰色、石灰岩质，素面，磨光，鼓博处有磨制的调音痕迹。下端有的刻有文字。

石砚

东汉（公元 25—220 年）
长 26.2、宽 9.4、高 24.5 厘米

2003 年长清大觉寺汉墓出土，现藏于长清区博物馆。

文具。青石质，上下两盒，有座。整体呈猛兽载人形象。外部整体阴线浅刻兽身，背部有浮雕。兽口大张，全身覆鳞，有双翅，翅上线刻羽毛。背部之上前部有呈露盘（已残），后面左右各两人背对而坐，左面两人盘腿，头戴小帽，都有胡须。其中一人面颊瘦长，高鼻深目，头戴小尖帽。右侧有一兽，全身覆鳞。上盒内空，呈方形母口，正对下盒的砚台，前部有半圆形凹窝，应该是放置研磨器的。

滑石手握

东汉（公元 25—220 年）
长 11.3、宽 3、高 3 厘米

2003 年长清大觉寺汉墓出土，现藏于长清区博物馆。

滑石质。鼻孔四道沟，圆耳、粗腿，头顶处有一凹槽，舌部、尾根部各有一横孔，鼻孔锥钻。

四面石佛造像

北朝（386—581年）
宽43、高56、厚49厘米

1986年济南舜井商业街出土，现藏于济南市博物馆。

寺院建筑。造像上、下有榫卯结构，可能为石塔或经幢中的组成部分。略呈
方柱形，四面都凿有佛龛。其中三面佛龛内，雕刻有一佛二菩萨；一面佛龛
内雕刻有一佛二弟子；每面佛龛上方左、右角，均雕刻有一蟠龙。

青石制，贴金彩绘。头戴精美花冠，面容丰满，双目细长，鼻残，唇线分明。
额前发际中分，慈眉善目，神态安详。

弥勒造像

唐代（618—907 年）

通高 70、像高 40 厘米

2003 年济南县西巷遗址出土，
现藏于济南市考古研究所。

头部已失，身体从腰部断裂，
分别出土于两座窖藏坑中。身
躯饱满肌肉感强。衣服三层：
内着僧祇支。中层衣服可见部
分搭于身体右侧，自右肩垂至
身前以及右臂上。外层衣披于
左肩，在身后绕至右臂下，又
绕至腹前，垂搭于左前臂上，
在身体左侧呈现三角形襟角。
腹前的外层衣被一道自左肩斜
垂下的带子系住。外层衣余幅
覆盖下肢及半个脚面。双手抚
膝，双腿几乎平行下垂，跣足
垂踏于座前两个圆形台上。须
弥座束腰为方柱形，下枭为方
台，上枭为圆形仰莲座，下枋
也为方台，下枋之下为一较大
的方台，方台正面刻有发愿文。
有龙朔二年（662 年）题记。

供养人造像

唐（618—907年）

通高 45 厘米

2003 年济南县西巷遗址出土，现藏于济南市考古研究所。

青石制。头已失，手略残。着紧身大衣，腰系带，双手于胸前似持供养物。底部有突出的短卯，故推测该像本是放置于某种台座上。身躯粗壮有力，腹部前突。

菩萨造像

唐（618—907年）

通高 29、像高 22 厘米

2003 年济南县西巷遗址出土，现藏于济南市考古研究所。

青石制，贴金彩绘。头已失，手残。跪姿，身躯修长。上身袒露，饰项圈，披帛，双腕有双环镯。双手合十于胸前。腰束小裙。下着长裙。单腿跪姿，右膝着地，右足垫支于右臀下。身下仰莲台座，座下有榫孔。

佛造像

唐（618—907 年）

通高 56、像高 22 厘米

2003 年济南县西巷遗址出土，现
藏于济南市考古研究所。

青石制，贴金彩绘。头部已失，
右手残。佛结跏趺坐于须弥座上，
内着僧祇支，外披袈裟，袈裟垂
至身前须弥座上，垂角为半圆形。
左手抚膝，右手触地印。身下为
须弥座，上枭双层圆形；下枭三层，
自上至下为圆形台、覆莲台、方
形台；束腰部分为四枚两两相对
的梭形物，可能象征须弥四宝山。

济南后李文化时期的遗址已发现数十处，少数经过正式发掘。1991 年在对小荆山遗址的清理发掘中，发现的红陶釜和红陶猪等代表了这一时期的制陶水平。

大汶口文化遗址经正式发掘的较少，平阴周河遗址和章丘焦家遗址是经过发掘的最著名的两处遗址。1999 年周河遗址出土了一批有代表性的陶器。

章丘的城子崖遗址是龙山文化的发现地与命名地，1990 年曾进行过较大规模的发掘，出土了一批典型龙山文化的陶器，极具代表性。

马安遗址一次性发现了 37 座岳石文化灰坑、2 座墓葬和 1 处大型台基，出土了岳石文化的陶鼎、陶豆等标准器物近 80 件，是济南地区较大规模的岳石文化遗存。

商代遗址的发掘近年在济南逐渐增多，最具有代表性的有马安遗址、刘家庄遗址、大辛庄遗址等。其中最为著名的当属于大辛庄遗址，仅 2003 年和 2010 年的两次发掘中就出土完整陶器达 500 余件。

济南地区发现战国以后各个时期的遗址和墓葬数量较多，其中有相当一部分做过田野工作，出土了大量的陶制品，比较著名的有无影山汉代陶俑、危山兵马俑等。

红陶釜

后李文化（公元前 6400—公元前 5700 年）

口径 26.6、高 23.5 厘米

1991 年章丘小荆山遗址出土，现藏于济南市博物馆。

炊器。夹砂红褐陶。器形较规整。直口，叠唇，深直腹，圜底。形体粗胖。
口部附加 5 个尖梭状泥条。素面。

红陶猪

后李文化（公元前 6400—公元前 5700 年）
通长 12.6、通高 6.4、厚 3.5 厘米

1991 年章丘小荆山遗址出土，现藏于济南市博物馆。

夹砂红褐陶。长吻，短耳矮足，双眼凸起，粗颈，短尾上翘，通体肥硕。横贯腹部有一穿，从臀部向腹部亦有一穿。手制，造型拙朴，神态生动。

彩绘陶壶

大汶口文化（公元前 4200—公元前 2600 年）

高 27.8、直径 11 厘米

1999 年平阴县周河遗址出土，现藏于山东大学博物馆。

水器。泥质红陶，侈口，束颈，圆肩，鼓腹，小平底，上腹饰两层黑色三角网络纹。

彩绘陶壶

大汶口文化（公元前 4200—公元前 2600 年）

口径 9.5、底径 8、高 24.4 厘米

1999 年平阴县周河遗址出土，现藏于山东大学博物馆。

泥质红陶。喇叭形口，圆唇，束颈，圆鼓腹，肩腹部有偏向一侧的双耳，平底。
肩部至腹上部施三周黑彩，三组弦纹之间为三角纹，内填网状纹。

素面陶壶

大汶口文化（公元前 4200—公元前 2600 年）
口径 8.2、底径 5.4、高 19.2 厘米

1999 年平阴县周河遗址出土，现藏于山东大学博物馆。

泥质灰陶。圆唇，颈部有一对贯耳，鼓腹，平底。腹部外鼓较甚。

陶鼎

大汶口文化（公元前 4200—公元前 2600 年）
口径 11.4、底径 5、高 12.7 厘米

1999 年平阴县周河遗址出土，现藏于山东大学博物馆。

夹砂灰褐陶。尖唇，侈口，折沿，折腹，小平底，凿形足，足已残。腹部饰一周指甲状戳印纹。

陶钵

大汶口文化（公元前 4200—公元前 2600 年）
口径 8、底径 3.6、高 9.8 厘米

1999 年平阴县周河遗址出土，现藏于山东大
学博物馆。

泥质红褐陶。尖唇，敛口，平沿，折腹，平底，
素面。腹部饰一周压印纹，器表局部有制陶
时留下的刮抹痕。

陶钵

大汶口文化（公元前 4200—公元前 2600 年）
口径 16.4、底径 6.8、高 9.4 厘米

1999 年平阴县周河遗址出土，现藏于山东大学
博物馆。

泥质红褐陶。圆唇，直口，折腹，平底。内壁
有略凹圆槽一周。

黑陶钵

大汶口文化（公元前 4200—公元前 2600 年）

口径 9.3、底径 5.5、高 9 厘米

1999 年平阴县周河遗址出土，现藏于山东大学博物馆。

泥质磨光黑陶。敛口，鼓腹，平底。唇外饰一周凹弦纹。

灰陶背壶

大汶口文化（公元前 4200—公元前 2600 年）

高 34、口径 13.6 厘米

1999 年平阴县周河遗址出土，现藏山于东大学博物馆。

水器。泥质红陶。侈口，束颈，深腹，小平底，腹上
部有两耳。素面。

黑陶双耳盆

龙山文化（公元前 2500—公元前 2000 年）

口径 27.8、底径 18.8、高 24.4 厘米

1990 年章丘城子崖遗址出土，现藏于山东省文物考古研究所。

盛器。泥质黑陶，子口，束腰，腰有对称的贯形耳，并饰三周弦纹。

灰陶鬲

龙山文化（公元前 2500—公元前 2000 年）
口径 26.9、高 31.6 厘米

1990 年章丘城子崖遗址出土，现藏于山东省文物考古研究所。

炊器。夹砂灰陶。尖唇，沿面内凹，颈下有两对称的盲鼻，
袋足内壁有轮制时留下的划痕。

陶鬶

龙山文化（公元前 2500—公元前 2000 年）
高 41 厘米

1990 年章丘城子崖遗址出土，现藏于山东省文物考古研究所。

水器。夹砂黄褐陶。高流，索状把手，三锥状足。流与口交接处、把手上部
都有对称的小泥饼，腹部器周装饰两道泥条状的附加堆纹。

灰陶鼎

龙山文化（公元前 2500—公元前 2000 年）

口径 19.8、高 21.6 厘米

1990 年章丘城子崖遗址出土，现藏于山东省文物考古研究所。

炊器。夹砂灰陶。大折沿、短颈、鬼脸足、大平底，颈旁有 4 个冠状的附加堆纹。

陶豆

龙山文化（公元前 2500—公元前 2000 年）
盘径 19.2、足径 10.8、高 11.2 厘米

2004 年章丘马安遗址出土，现藏于章丘博物馆。

泥质黑陶。圆唇，平折沿，深盘，高圈足。盘外腹壁饰一周凹弦纹，圈足和
豆柄交接处突起。

陶盆形鼎

龙山文化（公元前 2500—公元前 2000 年）

口径 23、底径 10.8、高 19.6 厘米

2004 年章丘马安遗址出土，现藏于章丘博物馆。

夹砂陶。鼎身灰黑，鼎足红褐。敛口、尖唇、平沿、折腹、平底、近锥形足。
口沿外侧附加鸡冠状耳，上腹饰一周凹弦纹，下腹饰三周弦纹，足内外侧有
一道竖行沟槽。

陶鬶

龙山文化（公元前 2500—公元前 2000 年）

高 27 厘米

2004 年章丘马安遗址出土，现藏于章丘博物馆。

泥质红褐陶。长直流，卷沿，粗长颈，深腹，锥状实足，索状把手。袋足上饰一周附加堆纹。

三足盆

龙山文化（公元前 2500—公元前 2000 年）
口径 15、通高 11 厘米

2004 年章丘马安遗址出土，现藏于章丘博物馆。

黑陶，磨光。敞口，直腹较深，平底，三环足。腹部饰两周凸棱。

单耳杯

龙山文化（公元前 2500—公元前 2000 年）
口径 8.4、底径 6、通高 11.8 厘米

2004 年章丘马安遗址出土，现藏于章丘博物馆。

灰黑陶，底部红褐色。高直口，平底，环形鋬手位于上腹部。颈部饰两周凹弦纹。

陶鼎

岳石文化（公元前 1900—公元前 1600 年）

口径 14、通高 7.8 厘米

2004 年章丘马安遗址出土，现藏于章丘博物馆。

泥质灰陶。侈口，尖圆唇，微鼓腹，圜底，矮锥形足。

陶豆

岳石文化（公元前 1900—公元前 1600 年）
盘径 17、足径 12.2、通高 18.7 厘米

2004 年章丘马安遗址出土，现藏于章丘博物馆。

泥质灰陶，敞口，方唇，平折沿，浅盘，高柄，喇叭形圈足。盘腹壁近盘心
有一周凸棱，豆柄饰三周凸棱。

褐色陶鬲

商（公元前 1600—公元前 1046 年）

口径 17.2、高 15.9 厘米

2005 年济南高新区卢家寨遗址出土，现藏于济南市考古研究所。

炊具。夹砂红褐胎。斜方唇，折沿、分裆、袋足。器身饰竖向粗绳纹。口沿、
颈部及足尖绳纹抹去，出土于陶窑内，过火，但未烧熟。

陶刻槽盆

商（公元前 1600—公元前 1046 年）
口径 26.6、通高 17.6 厘米

2003 年济南大辛庄 H690 出土，现藏于山东
大学博物馆。

盛器。泥质灰陶。敞口，叠唇，于口沿一侧
捏出短流，腹壁较直，下腹部内收，圜底。
器内壁及底部有刻槽，器表饰斜向中绳纹。

灰陶鬲

商（公元前 1600—公元前 1046 年）
口径 12.8、通高 18.2、裆高 5.6 厘米

2010 年济南大辛庄遗址出土，现藏于
济南市考古研究所。

炊器。夹砂灰陶。斜方唇，折沿，腹略
鼓，分裆，袋足。通体饰中绳纹。口沿
下及颈部绳纹抹平。

灰陶簋

商（公元前 1600—公元前 1046 年）
口径 22.4、圈足径 8.6、通高 13.4 厘米

2010 年济南大辛庄遗址出土，现藏于济南
市考古研究所。

盛器。泥质灰陶。方唇，侈口，斜折沿，弧腹，
圆底，圈足。通体磨光，沿下及上腹部饰
两周凸弦纹，圈足部饰一周凹弦纹。

灰陶盖豆

战国（公元前 475—公元前 221 年）
口径 15、底径 17、盖底径 9.5、口径 17.5 厘米

2004 年章丘马安遗址出土，现藏于章丘博物馆。

盛器。泥制灰陶。盖为覆豆形，盖及豆盘呈扁球状，
子母口。盖顶下凹，盖身较浅，柄较高，柄呈圆柱
状，近实心。豆盘外缘饰二周三角暗纹和三周弦纹。
足部饰暗纹。

灰陶壶

战国（公元前 475—公元前 221 年）

通高 32.7、口径 13.5、底径 11.2 厘米

2004 年章丘马安遗址出土，现藏于章丘博物馆。

盛器。盖顶为平顶，子母口略侈，长颈，鼓腹，圈足。腹部以上饰暗纹和弦纹。

彩绘陶立俑

西汉（公元前 206—公元 8 年）

高 29.4、宽 8.5、厚 6.9 厘米

1999 年平阴县西山汉墓出土，现藏于济南市考古研究所。

泥质灰陶。直立。白地红彩。面部丰满细腻，发式前额中分，束发于脑后，于收尾处挽成垂髻。柳叶眉、杏仁眼、小口，溜肩，细腰。双手拱于下腹部。着对襟"y"形拖地长袍，窄袖，双手拢于袖中。发、眉、眼均着黑彩，衣服饰白地红彩，边缘饰红褐色宽边。眉目清秀，神态端庄。

彩绘陶立俑

西汉（公元前 206—公元 8 年）

通高 24.9、宽 7.8、厚 4.51 厘米

1999 年平阴县西山汉墓出土，现藏于济南市考古研究所。

明器。直立状，发后梳，面部丰满，唇周有四撇胡须，唇下有一撮胡须。着长袍，窄袖，右手垂放，左手放于颈处。发、眉、眼均着黑彩，衣服白彩，衣领处饰一圈红彩。神态端庄。

彩绘陶瓶

西汉（公元前 206—公元 8 年）

左：高 18.5、口径 11.5、底径 9.3 厘米

右：高 20、口径 12.2、底径 9.7、外径 13 厘米

1999 年平阴县西山汉墓出土，现藏于济南市考古研究所。

泥质灰陶。白地红彩。弧盖平顶。侈口，束颈，腹微鼓，平底，圈足。白彩做地，红彩绘三角纹、水波纹。

彩绘陶马

西汉（公元前 206—公元 8 年）

长 27.2、宽 8.4、高 23.7 厘米

1999 年平阴县西山汉墓出土，现藏于济南市考古研究所。

泥质灰陶。通体施红色彩绘，红地白彩，马腹有粉色装饰。耳、尾、腿均不存，
留有孔槽。双目远视，鼻孔翕张，口微张露齿，扭头，挺颈，似正在嘶鸣，
或处于警备状态。

彩绘陶御车俑

西汉（公元前 206—公元 8 年）

宽 8.2、高 19.2、厚 6.5 厘米

1999 年平阴县西山汉墓出土，现藏于济南市考古研究所。

泥质灰陶。面部丰满，施粉彩。唇上部有两撇胡须。发后梳，脑后下垂髻。
着长袍，交领右衽，窄袖，踞坐姿，双手左右低垂，呈持缰状。发、眉、眼
均着黑彩，衣服白彩，衣领处饰一圈红彩。

彩绘陶人俑

西汉（公元前 206—公元 8 年）

通高 28.6 厘米

1999 年平阴县西山汉墓出土，现藏于济南市考古研究所。

泥质灰陶。直立。白地红彩。面部丰满细腻，发式前额中分，束发于脑后，于收尾处挽成垂髻。柳叶眉、杏仁眼、小口，溜肩、细腰，前脚尖外露。双手拱于下腹部。着对襟 y 形拖地长袍，窄袖，双手拢于袖中。发、眉、眼均着黑彩，衣服饰白地红彩，边缘饰红褐色宽边。

彩绘陶马

西汉（公元前 206—公元 8 年）

长 31、宽 9、高 24.5 厘米

1999 年平阴县西山汉墓出土，现藏于济南市考古研究所。

泥质灰陶。通体施朱红彩绘。上有繁杂的白色装饰、马首配饰及马身装饰。耳、尾、腿已不存，均留有槽孔。腹中空，肚下有大孔洞。双目远视，鼻孔翕张，口微张。

彩绘骑马俑

西汉（公元前 206—公元 8 年）
高约 60、长约 65 厘米

2003 年章丘危山汉墓出土，现藏于章丘博物馆。

泥质灰陶。骑马俑一手牵缰勒马状，一手持武器状，兵器已腐朽，神情严肃，
目视前方；下半身紧贴马体，体态端庄，头戴软帽，身着短袍。

彩绘骑马俑

西汉（公元前206—公元8年）

身高 45.5 厘米

2003 年章丘危山汉墓出土，现藏于章丘博物馆。

泥质灰陶。俑呈骑马状，头戴帽，身着战袍。面部凸鼓。通体饰一层白衣，
白衣表层施红色彩绘。

彩绘侍女俑

西汉（公元前 206—公元 8 年）

通长 17.4、通宽 10.7、通高 49.2 厘米

2003 年章丘危山汉墓出土，现藏于章丘博物馆。

明器。俑直立，双腿微屈，作侍立状。发式前额中分，束发于脑后，于收尾处挽成垂髻。脸庞丰润，呈微笑状。着交领右衽拖地长袍，共两重袍衣，宽袖，袖口略收，双手拢于袖中。长袍下部呈喇叭状。衣领及袖口处饰红彩。

彩绘陶立俑

西汉（公元前 206—公元 8 年）

通长 15.4、通宽 13、通高 48.8 厘米

2003 年章丘危山汉墓出土，现藏于章丘博物馆。

明器。俑直立，持物状。发式前额中分。脸庞丰润，呈微笑状。着交领右衽
束腰长袍，共两重袍衣，立领，宽袖，袖口处略收，右手握拳，左手拇指朝上，
另四指并拢微弯。长袍下部呈喇叭状。双足着履。颈部及外衣饰红彩。

彩绘陶立俑

西汉（公元前 206—公元 8 年）

通长 17、通宽 10.2、通高 49.4 厘米

2003 年章丘危山汉墓出土，现藏于章丘博物馆。

俑直立，作侍立状。发式前额中分，束发于脑后，于收尾处挽成垂髻。脸庞丰润，呈微笑状。着交领右衽拖地长袍，共两重袍衣，腰部系有腰带，宽袖，双手拢于袖中。长袍下部呈喇叭状。衣领及袖口处饰红彩。

彩绘陶御车俑

西汉（公元前206—公元8年）

通长 15.9、通宽 17.6、通高 34.7 厘米。

2003 年章丘危山汉墓出土，现藏于章丘博物馆。

泥质灰陶。头戴软帽，面部圆润，呈微笑状。身着宽袖重襟衣，双手作持缰绳状，双腿踞坐，身上略施红彩。

彩绘陶马

西汉（公元前206—公元8年）

高约60、长约65厘米

2003年章丘危山汉墓出土，现藏于章丘博物馆。

泥质灰陶。马头轮廓清晰，双耳直立，眼神专注，头部微朝左，口微张，作静立状，马身雄健有力，剪鬃缚尾，尾部翘起。颈部饰一圈红彩，马背绘红彩。

持盾俑

西汉（公元前 206—公元 8 年）

俑：通长 12.6、通宽 11.2、通高 41 厘米

盾：通长 8.1、通宽 2、通高 14.4 厘米

2003 年章丘危山汉墓出土，现藏于章丘博物馆。

泥质灰陶。头戴冠巾，目视前方，着束腰长袍至膝盖处，双手作持盾状，双腿站立。

彩绘陶击鼓俑

西汉（公元前 206—公元 8 年）

身高 28.5 厘米

2003 年章丘危山汉墓出土，现藏于章丘博物馆。

明器。泥质灰陶。俑形体为站立状，头饰双云髻，身着双层绕襟长裙。通体
饰一层白衣，白衣表层施红色彩绘。建鼓立于方形基座上，一面建鼓配两件
小鼓，均饰彩绘。

彩绘陶乐舞杂技俑

西汉（公元前 206—公元 8 年）
底座纵 67、横 47.5、俑高者 22.7 厘米

1969 年济南无影山西汉墓出土，现藏于济南市博物馆。

泥质灰陶。塑 21 人，固定在长方形底座之上，既有能歌善舞者，也有伴奏
的乐队，还有头戴冕形冠的观赏者。我国的音乐、舞蹈、杂技艺术历史悠久，
至汉代发展到新的水平，这在汉画像石、画像砖中多有表现，但成组的展示
杂技、乐舞同台演出的立体陶塑形象仅此一件。

灰陶罐

西汉（公元前 206—公元 8 年）

口径 17.8、腹径 35.5、底径 15.5、高 37.2 厘米

1999 年章丘洛庄汉墓出土，现藏于济南市考古研究所。

泥质灰陶。侈口，圆唇，短颈，鼓腹，平底，上腹部饰细绳纹，腹部中间饰数周弦纹。颈部涂有一圈红彩。

陶楼

东汉（公元 25—220 年）
长 41.5、宽 22.2、高 38.6 厘米

2000 年济南闵子骞墓苑东汉墓出土，现藏于济南市考古研究所。

明器。泥质灰陶。分为上下两部分，上面是望台，三面有花墙和镂孔，后侧仅两端有护板，花墙四角上均置有覆斗形柱头饰，上涂红彩。望台内正中有一个椭圆形镂孔。正面下方有人字形两面坡，坡外围以护栏，护栏上有五个覆斗形柱头饰。房后侧正中偏上有一圆孔。

陶猪

东汉（公元 25—220 年）

长 15.3、宽 5.35、高 8.6 厘米

2000 年济南闵子骞墓苑东汉墓出土，现藏于济南市考古研究所。

明器。泥质黑皮陶。站立状，尖嘴，双目外突，大耳，背鬃突起，小尾，腹下中空。

陶狗

东汉（公元 25—220 年）

长 21、宽 8.2、高 19.6 厘米

2000 年济南闵子骞墓苑东汉墓出土，现藏于济南市考古研究所。

明器。泥质灰陶。体中空，直立，尾及四足缺。短足，短耳，昂
首而吠。颈部塑出项圈形状。颈后以圆形带扣固定，皮带垂到右侧。
腹下有孔与体腔通。通体涂白色。

陶鸭

东汉（公元 25—220 年）
上：长 11.5、宽 5.7、高 14 厘米
下：长 9.4、宽 4.7、高 7.9 厘米

2000 年济南闵子骞墓苑东汉墓出土，现藏于济南市考古研究所。

明器。泥质灰陶。通体涂白色。左：短喙，眼外突，长颈，体肥胖，双足粗短立地，有蹼，翘尾，实心。右：长喙，二目外突，长颈回望，体肥，短尾，足粗短，有蹼。

陶鸭

东汉（公元25—220年）

长13.8、宽6.5、高15.6厘米

2000年济南闵子骞墓苑东汉墓出土，现藏于济南市考古研究所。

明器。泥质灰陶。通体涂白色。短喙，细眼，长颈，回首仰视，体肥，平尾，粗足，有蹼。尾下有孔与体腔通。

陶鸡

东汉（公元25—220年）

上：长11.5、宽5.3、高10.2厘米

下：长11、宽4.6、高9.2厘米

2000年济南闵子骞墓苑东汉墓出土，现藏于济南市考古研究所。

明器。泥质灰陶。尾后有孔与体腔通，皆双足直立，翘尾。通体涂白色。上，短喙，无冠，昂首体肥。下，长喙，弧形冠，体肥，长尾。

陶井

东汉（公元 25—220 年）
底径 22、通高 44.1 厘米

2000 年济南闵子骞墓苑东汉墓出土，现藏于济南市考古研究所。

明器。泥质灰陶。井身呈亚腰形筒状，方形井口，井沿上立一盛水器，
平底。井架梯形，上方搭有小屋顶。

陶壶

东汉（公元 25—220 年）

口径 19.4、腹径 26.6、足径 21.3、高 49 厘米

2000 年济南闵子骞墓苑东汉墓出土，现藏于济南市考古研究所。

泥质红陶。盘口，圆唇，高颈，溜肩，鼓腹，圜底，喇叭形高圈足。
口沿下绘红色云纹，颈部与圈足各有一周三角纹，内填红色云纹。

绿釉陶灶

东汉（公元 25—220 年）

长 19.8、宽 19.8、高 17 厘米

2009 年济南奥体中路汉墓出土，现藏于济南市考古研究所。

泥质红陶。前方后圆，平面呈圆形，灶体宽短。灶面正中
有一火眼，上置一釜一甑，釜灶连体，灶门上方有遮烟檐。
灶尾有一斜直烟囱。通体施绿釉。

白陶瓮

东汉（公元 25—220 年）

高 42、口径 23.5、腹径 41.1 厘米

2009 年济南奥体中路汉墓出土，现藏于济南市考古研究所。

素面白陶。器表施细腻白色陶衣。口沿斜直外撇，方唇，溜肩，最大径位于器物中下部，圜底。

绿釉陶井

东汉（公元 25—220 年）

通高 46.5、宽 18.2 厘米

2009 年济南奥体中路汉墓出土，现藏于济南市考古研究所。

绿釉红陶。井身呈口小底大圆筒状，平折井沿，桥形井架，外塑缠绕枝花蔓，
架顶塑一展翅飞鸟。通体绿釉。

陶盘

北齐（550—577年）

口径 49.5、高 6.4 厘米

1984 年济南马家庄道贵墓出土，现藏于济南市博物馆。

泥质灰陶，素面，直壁平底。内壁自盘心至口沿有弦纹四周。

彩绘陶马

北朝（386—581年）

通高 27 厘米

1988 年济南东八里洼北朝墓出土，现藏于山东省文物考古研究所。

明器。有底座。马身白色，鬃毛赭色。鞍具俱全，马身缨络，脖系銮铃，分
别绘红、绿、黑、赭色。作曲颈低首嘶鸣状，形态生动，装饰华丽。

彩绘陶按盾武士俑

北齐（550—577年）

通高41厘米

1988年济南东八里洼北齐陈三墓出土，现藏于济南市博物馆。

明器。目圆睁，高鼻，露齿，戴头盔，头盔两圆形护耳凸起，前檐中部突出。身穿盔甲，前胸和后背各有两个圆形护具，高护领。左手扶大型猛兽盾牌，右手前曲握长兵器，兵器已腐朽。形象凶悍威武，色彩鲜艳。

龟形陶砚

唐（618—907 年）

长 20、宽 13.5、高 8.3 厘米

1976 年济南市中区小白庄唐墓出土，现藏于济南市博物馆。

书法用具。砚体作龟形状，龟首引颈左昂侧视，四足踞地稍外移，龟背凹陷，即成砚台。自颈部至砚池为一斜坡砚面，前高后低。其眉、眼、鼻、耳、嘴和脚爪，也塑造得非常清晰和惟妙惟肖。塑造精致，保存完好，实为古代陶砚中的艺术精品。

瓷器是济南考古发现的重要成果之一。大辛庄遗址出土过少量的印纹硬陶，济阳刘台子西周墓葬中发现过数件完整的原始瓷器。晚期各种类型的瓷器，主要见于各个时期的墓葬中以及城市考古的各类遗存中。

1984 年马家庄北齐道贵墓出土的青釉碗，是济南地区地下出土的真正意义上的瓷器。

唐宋时期的各色瓷器散见于各种类型的墓葬和遗址中。主要有：1998 年发现的十亩园的宋元墓地，2002 年发掘的高都司巷遗址，2003 年发掘的山大西校区唐墓，2004 年发掘的按察司街唐墓，2009 年发掘的魏家庄宋元墓地，2009 年发掘的女郎山墓地，2010 年解放路华强广场唐墓，2015 年商河西甄唐墓等。这些遗址和墓葬虽无等级比较高的，但也发现了一些具有代表性的瓷器，如束腰白釉绿刻花瓷枕、白釉碗、白釉瓷香薰、白釉瓷盏托、青釉琮形瓶等。

元代墓葬在济南已发现数十座，其中出土了少量瓷器，比较典型的是 2005 年发掘的郎茂山路元代墓，共出土玉壶春瓶、影青瓷香炉等 17 件瓷器，已属大宗。

另外，在历年的城市考古中，为配合建设对古城区十余处地点进行了考古发掘，出土了各个时期、各种窑口的能够复原的瓷器已达数百件，而不能修复的瓷片已近万数，其中也不乏精品。这为揭示济南古城的演进提供了难得的实物资料，是城市考古的重大收获。

瓷器

青釉碗

北齐（550—577 年）
口径 13.5、底径 6.3 厘米

1984 年济南马家庄道贵墓出土，现藏于济南市博物馆。

盛器。薄唇，直壁，深腹，饼形足。内壁满施黄绿釉，碗心留有三个支烧痕。

三彩炉

唐（618—907 年）

口径 14.7、通高 14.2 厘米

1987 年山东大学东校区唐墓出土，现藏于山东大学博物馆。

盛器。圆唇，侈口，短颈，鼓腹，三蹄形足。

白釉深腹瓷碗

唐（618—907 年）

口径 15.1、腹径 11.6、底径 7.3、高 10.4 厘米

2002 年济南市高都司巷遗址出土，现藏于济南市考古研究所。

盛器。圆唇，敞口，直腹，下腹内折与圈足相连。内施白釉，外大部施白釉，足部素烧。外上腹间饰四道横向凹弦纹。

白釉瓷执壶

唐（618—907 年）

口径 6.2、底径 10.6、腹径 15、通高 15.5 厘米

2004 年济南按察司街唐墓出土，现藏于济南市考古研究所。

水器。尖唇、敞口，龙形把手，柱形短流，鼓腹，实足，胎体白色，胎质较细腻，内外通体施白色釉。

口径 8.4、腹径 13.8、高 7.8 厘米

2004 年济南按察司街唐墓出土，现藏于济南市考古研究所。

盛器。敛口，鼓腹，平底，外施半釉，内施全釉。

黄釉瓷钵

唐（618—907 年）

口径 8.4、腹径 13.8、高 7.8 厘米

2004 年济南按察司街唐墓出土，现藏于济南市考古研究所。

盛器。敛口，鼓腹，平底，外施半釉，内施全釉。

白瓷碗

唐（618—907 年）

口径 12.3、底径 4.4、高 4.5 厘米

2004 年济南按察司街唐墓出土，现藏于济南市考古研究所。

盛器。圆唇，敞口，斜直腹，饼形足。通体白釉。

瓷盆

唐（618—907 年）

口径 9.1、底径 4.3、高 3.5 厘米

2004 年济南按察司街唐墓出土，现藏于济南市考古研究所。

盛器。圆唇，敞口，斜腹微鼓，平底内凹，外无釉，素面。

三彩炉

唐（618—907 年）

口径 15.4、最大腹径 21.6、高 15 厘米

2009 年章丘女郎山出土，现藏于济南市考古研究所。

肩和腹部施黄、绿、蓝三彩釉。侈口，圆唇，束颈，扁球形腹，三兽蹄形足。

三彩骑俑

唐（618—907 年）

高 6.8、长 5.5 厘米

2009 年章丘女郎山出土，现藏于济南市考古研究所。

骑马俑。白胎，蓝、绿、黄、白四色釉。骑马者为胡人形象。

三彩钵

唐（618—907 年）

口径 11.6、底径 6、腹径 19、高 12.4、厚 0.4—0.6 厘米

2011 年济南刘家庄遗址出土，现藏于济南市考古研究所。

盛器。敛口，鼓腹，平底。灰白胎，三彩釉（绿、褐、白）呈向下流淌状，釉不包底。

青瓷三系罐

唐（618—907 年）

口径 5.7、底径 5.1、高 13.5 厘米

2006 年历城区唐冶遗址出土，现藏于济南市考古研究所。

盛器。溜肩，深鼓腹，饼形足，肩部有三立耳。施青釉不到底。

白瓷壶

五代（907—960 年）

流长 3.3、口径 8、腹径 12.2、底径 6.6、通高 18.3 厘米

2003 年山东大学西校区五代墓出土，现藏于山东大学博物馆。

水器。短流、素面鋬手。圆唇，侈口，细长颈，鼓腹，饼形足。通体施白釉。

绿釉黄彩刻花瓷枕

宋（960—1279年）

长31、宽20.5、高12厘米

1998年济南七家村宋墓出土，现藏于济南市考古研究所。

生活用具。形状呈腰果形，枕面中间雕刻有牡丹图案。

白釉瓷香熏

宋（960—1279 年）

通高 7.9、盖高 3.2、直径 7.2 厘米；炉口径 7.2、腹径 7.2、足径 5.9 厘米

1998 年济南七家村宋墓出土，现藏于济南市考古研究所。

生活用具。形似盖豆，直口，尖唇，炉盘较深，高圈足。子母口盖，盖为半圆形，顶部中央雕刻有 10 个旋涡状小孔，再外刻有三圈菱形纹。盖及盘外壁均呈球形内收。内外壁均施白釉。

白釉花口瓷罐

宋（960—1279 年）

口径 11.4、足径 6.5、高 12.8 厘米

1998 年济南七家村宋墓出土，现藏于济南市考古研究所。

盛器。口呈荷叶状（六瓣形），短颈，腹部饰 13 道（竖向）瓜棱纹，圈足。
器内底中部微凹，有一周凸棱纹。除足部外，均施白釉。

酱釉瓷碗

宋（960—1279年）

口径12.1、足径6.1、高8.6厘米

1998年济南七家村宋墓出土，现藏于济南市考古研究所。

盛器。尖唇，深腹，器身内外大部施酱釉，足部素烧。

白釉瓜棱瓷罐

宋（960—1279年）

口径 10.5、腹径 11.8、底径 6.3、高 11.2 厘米

1998 年济南七家村宋墓出土，现藏于济南市考古研究所。

盛器。卷沿，侈口，鼓腹，腹部饰 7 道（竖向）瓜棱纹，圈足。器内底部中间微凹，并有一周凸棱纹。除外足部以外，器身内外均施白釉。

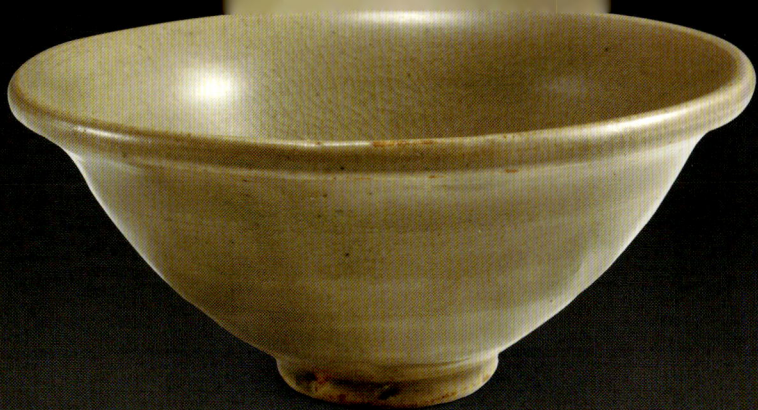

青釉瓷碗

宋（960—1279 年）
口径 12、底径 3.7、高 5.1 厘米

1998 年济南七家村宋墓出土，现藏于济南市考古研究所。

盛器。圆唇，斜腹，腹部有 4 道凸棱纹，矮圈足，通体施青釉，开裂纹。

白釉瓷盏托

宋（960—1279 年）
高 8.7、口径 10.3、足径 7 厘米

2002 年济南高都司巷遗址出土，现藏于济南市考古研究所。

内托座五瓣莲状，口部略外侈。壁中部对开 4 组等腰三孔，内底折腹圈底。外托盘边沿为五瓣莲状，斜壁外侈。圈足略外撇，通体施白釉。

白釉瓷碗

宋（960—1279 年）

口径 14.7、底径 6.5、高 5.5 厘米

2002 年济南高都司巷遗址出土，现藏于济南市考古研究所。

盛器。圆唇、敞口，斜腹，圈足。胎质较细腻，内外通体施白色釉。

青白釉出筋瓷碟

宋（960—1279 年）

口径 10.9、底径 3.5、高 2.2 厘米

2002 年济南高都司巷遗址出土，现藏于济南市考古研究所。

盛器。平折沿，花瓣形大敞口，斜直腹，平底，矮圈足。六出筋，内外施青白釉。胎白，致密坚硬。

青釉瓷碗

宋（960—1279 年）

口径 17.9、底径 6、高 7.3 厘米

2004 年济南按察司街遗址出土，现藏于济南市考古研究所。

盛器。圆唇，口沿内敛，斜腹，圈足。施青釉至圈足。

茶色青釉瓷罐

宋（960—1279 年）

口径 17.7、腹径 27.8、足径 9.8、高 23.8 厘米

2003 年济南县西巷遗址出土，现藏于济南市考古研究所。

盛器。方唇，直口微敛，鼓肩，斜直腹，小圈足，茶色釉施
至下腹部。

黑釉双耳罐

宋（960—1279年）

口径13、底径9.4、高18.9厘米

2008年济南卫巷遗址出土，现藏于济南市考古研究所。

盛器。直口微敛，圆肩，深腹微鼓，肩颈部附加一对桥形耳，圈足。施黑釉，釉色光亮，靠近底部露灰白色胎，圈足外无釉。

束腰白釉绿彩刻花瓷枕

宋（960—1279 年）

长 20、宽 11.3、通高 10.8 厘米

2009 年济南魏家庄遗址出土，现藏于济南市考古研究所。

束腰形，枕面内凹，两端向上翘起。枕上下面多重矩形框内均暗刻草叶纹，
侧面有一圆形气孔。白瓷乳白胎、通体白釉，枕面饰有一道绿彩。

瓷枕

北宋（960—1127 年）
长 20、宽 13.2、通高 11 厘米

2009 年济南魏家庄遗址出土，现藏于济南市考古研究所。

红胎，饰红、黄、绿三彩，釉不包底。中空，平面近椭圆形，一边较直。上表面内凹呈弧形，刻饰缠枝牡丹纹，侧面浮雕一卧狮。平底。

瓷罐

北宋（960—1127 年）

口径 13.2、圈足径 6、通高 11.6 厘米

2009 年济南魏家庄遗址出土，现藏于济南市考古研究所。

盛器。乳白胎，白釉，施釉至腹下部。花瓣形侈口，尖圆唇，束颈，深弧腹，平底，矮圈足外撇。腹部有 14 道凹槽。

白釉花口渣斗

宋（960—1279 年）

口径 10.4、腹径 9、底径 5.4、高 12 厘米

2011 年济南刘家庄遗址出土，现藏于济南市考古研究所。

整体轻巧，胎薄欲透。影青白釉，敞口，花边沿，粗束颈，小鼓腹，喇叭状
小圈足。

青釉琮形瓷瓶

南宋（1127—1279 年）

高 25.8、口径 8、底径 8.2、瓶身边长 9.9 厘米

2012 年济南宽厚所街遗址出，现藏于济南市考古研究所。

观赏器。影青瓷。仿琮形，方柱体高筒形，外方内圆。外面由竖槽分为左右
两个部分。每个部分又被凸棱分成 8 节。

黄釉瓷碗

金（1115—1234 年）

口径 16.1、高 5.6 厘米

2002 年济南高都司巷遗址出土，现藏于济南市考古研究所。

盛器。敞口，浅腹，平底，圈足。通体黄釉至足上。内印缠枝花卉。碗底一
周刮圈。

白釉"道德清静"瓷瓶

元（1271—1368 年）

口径 5.5、腹径 21.4、底径 10.8、高 29.9 厘米

2008 年济南卫巷遗址出土，现藏于济南市考古研究所。

酒（水）器。小侈口，溜肩，橄榄球形腹，圈足。肩颈部均匀附加 4 个立耳。外施白釉至中腹部，绘弦纹和黑花。中腹部以下施黑釉。肩部一周黑釉草书"道德清净"。

四系黑花瓷瓶

元（1271—1368年）

口径4.2、底径8.6、腹径12.4、高28.8厘米

2009年章丘女郎山出土，现藏于章丘博物馆。

酒（水）器。圆唇，小侈口，束颈，橄榄球形腹，内圈足。四个桥型耳均匀位于颈部。胎厚，腹中部以上饰白釉，中部以下饰黑釉。上腹黑釉草书"侯家"。

青釉刻花瓷梅瓶

元（1271—1368 年）
口径 8.5、肩宽 19、底径 13.7、通高 19.6 厘米

2003 年济南旧军门巷遗址出土，现藏于济南市考古研究所。

盛器。卷唇，直颈，宽肩，平底。青釉，周身刻饰缠枝牡丹花纹。

钧釉莲花口瓷碗

元（1271—1368 年）
口径 27、底径 8.8、高 11.5 厘米

2004 年济南按察司街遗址出土，现藏于济南市考古研究所。

盛器。花边口沿，敞口，深腹，圈足。碗身呈莲花状。通体施蓝釉。

钧釉瓷碗

元（1271—1368 年）
高 3.6、口径 7.2、足径 2.8 厘米

2005 年济南市中区郎茂山路元代墓出土，
现藏于济南市考古研究所。

天蓝釉，釉层厚，质感强，外釉不到底，
足部无釉。敛口，深弧腹，小圈足。

青白釉瓷香炉

元（1271—1368 年）
高 8.1、口径 8.3、腹径 8.5 厘米

2005 年济南市中区郎茂山路元代墓出土，
现藏于济南市考古研究所。

祭祀器。青白瓷，色泽鲜亮。侈口，短粗直颈，
鼓腹平底，底部三矮足。两长方形耳位于
颈部，底部无釉处透出火石红。内无釉。

125

白釉玉壶春瓶

元（1271—1368年）

口径 8.6、腹径 15.4、足径 8、通高 31.1 厘米

2005 年济南市中区郎茂山路元代墓出土，现藏于济南市考古研究所。

水器。敞口，翻唇，颈部瘦长，垂腹，圈足微外撇。通体白釉，釉层上遍布
开片状纹饰，足内毛笔书"大元曲氏"圈足中心有一凸点。

青蓝釉双耳瓷罐

元（1271—1368 年）

口径 13.3、腹径 16.4、足径 8.8、高 12.8 厘米

2005 年济南市中区郎茂山路元代墓出土，现藏于济南市考古研究所。

水器。青瓷，月白色微蓝，外釉不到圈足。胎白。直口、溜肩，肩以下渐广，
至腹部最大处内收，圈足微撇，内壁有刀切痕迹。

白釉瓷碗

元（1271—1368 年）

口径 16.9、底径 6.2、高 6.7 厘米

2005 年济南市中区郎茂山路元代墓出土，现藏于济南市考古研究所。

盛器。敞口，折沿，矮圈足，足壁内斜外直，圈足中心凸起，足底外低内高。
月白色釉，外釉不及底部。砂眼和气泡较多。

钧釉瓷盘

元（1271—1368 年）

口径 16.4、底径 11.5、高 3.2 厘米

2005 年济南市中区郎茂山路元代墓出土，现藏于济南市考古研究所。

盛器。敞口，矮宽圈足。底有旋痕，足壁外直内斜。外施蓝釉，内呈月白色。
釉层厚，富有变化，有气孔，胎呈灰色，外釉不至足。属于钧窑系器物。

白釉"元"字瓷碗

元（1271—1368 年）

口径 11、底径 4.8、高 4.5 厘米

2005 年济南市中区郎茂山路元代墓出土，现藏于济南市考古研究所。

盛器。敞口，斜直腹，足壁内斜外直，圈足中心凸起，足底内高外低。施白釉，外釉至腹部以上，并有开片纹饰。内壁两周褐线，碗心褐色书"元"字。

青釉瓷碟

元（1271—1368 年）

口径 13.8、底径 5.8、高 3.3 厘米

2005 年济南市中区郎茂山路元代墓出土，现藏于济南市考古研究所。

盛器。矮直口，浅盘，圈足。足壁内斜外直，圈足中心凸起。浅蓝釉不至底，釉层不均，口部色泽较深，砂眼较多。

蓝釉梅瓶

元（1271—1368 年）

口径 4、底径 7.4、高 19 厘米

2009 年济南化纤厂路元代墓葬出土，现藏于济南市考古研究所。

观赏器。口沿与底沿均有残，小口、翻唇，口沿平坦，短束颈，肩丰渐滑，肩以下逐步收敛，至近底处微微外撇，平底，足部以上施蓝釉。

带盖黑釉瓷罐

元（1271—1368 年）

口径 12.3、底径 14.4、腹径 32、盖径 15.5、通高 36 厘米

2009 年长清区中华女子学院出土，现藏于济南市考古研究所。

盛器。整体厚重。盖弧顶，荷叶形边，子口，顶部附加一饼钮。罐身直口微敛，溜肩，大鼓腹，小平底。通体酱釉。

青花瓷碗

明（1368—1644 年）
口径 14、底径 5.5、高 5.1 厘米

2009 年章丘女郎山出土，现藏于济南市考古研究所。

盛器。白胎，青花。尖圆唇，敞口，深弧腹，圈足。
青花色暗、口沿内外各饰一周锦纹。外腹壁一周绘花
草纹。

青花瓷杯

明（1368—1644 年）
口径 6.8、底径 2.8、高 3.2 厘米

2009 年章丘女郎山出土，现藏于济南市考古研究所。

盛器。白胎，白釉，青花。敞口，尖圆唇，深弧腹，圈足。
外饰花草纹。内壁口沿下一周锦纹，杯心双线圆圈，
内绘山水图案。底书"宣德年造"款。

瓷人像

明（1368—1644年）

宽8、厚7.5、高16.5厘米

2003年济南旧军门巷遗址出土，现藏于济南市考古研究所。

饰品。头戴花冠，面容慈祥，双目微睁。用粉红、黄、绿、黑彩等烧制而成。

粉彩花卉纹瓷盘

清（1644—1911 年）

高 3.3、口径 20.2、底径 12.2 厘米

2008 年济南卫巷出土，现藏于济南市考古研究所。

敞口，浅弧腹，内平底，圈足。黄釉口。内里黄釉、红绿彩绘有牡丹蝴蝶图案。
外壁及底白釉，朱绘折枝兰草图案。底部有青花款"大清乾隆年制"。

同治款矾红描金花鸟纹瓷杯

清（1644—1912年）

口径8.1、底径3.6、高6.2厘米

2009年章丘女郎山出土，现藏于济南市考古研究所。

粉彩，敞口，尖圆唇，深直腹，窄圈足。白釉红花。杯身矾红描绘"喜上梅梢"
图案，杯底红款"同治年制"。

济南地区的玉器从大汶口文化开始，在高规格墓葬中流行，到了商周达到了一个高峰。在商周墓葬中玉器以礼器为主，出土于大辛庄遗址、刘家庄遗址、仙人台遗址、刘台子遗址等高规格的墓葬中。大辛庄遗址历次发掘中均有精美的玉器出土。龙形玉璜、虎形玉璜、玉斧、玉钺、玉戈、玉圭、鸟饰、玉斧、玉镞是其中的精品。2011年在刘家庄遗址规格最高的M121、M122中出土了20件玉石器，其中玉戚、玉柄形器是玉器中最为精美的器物。

1985年发掘的济阳刘台子逢国墓地中的M6是在黄河下游已发现的西周墓葬中铜器组合较全，玉器种类较多，保存程度较好的墓葬，其中仅玉器就有916件。长清仙人台春秋贵族墓虽然数量不多，但每座墓中均有数量不等的玉器，是春秋时期济南地区最精美的玉器。

汉代的玉器在济南地区也多有发现，最重要的一批当属双乳山济北王陵中出土的玉覆面、玉璧等。而2001年济南腊山汉墓出土的水晶和玉髓的印章，是济南两汉地区出土的最为精美的同类器物。此外，在城区魏家庄汉代墓中出土的多件玉器，化纤厂路金代墓葬中发现的玉卧马也属难得。

玉器

龙形玉璜

商（公元前 1600—公元前 1046 年）

长 12 厘米

1984 年济南大辛庄遗址出土，现藏于山东大学博物馆。

饰品。器表呈灰白色。长身委曲，兽头，启齿，弯背，勾尾。
背部深刻鬃毛。

虎形玉璜

商（公元前 1600—公元前 1046 年）

长 7.5 厘米

1984 年济南大辛庄遗址出土，现藏于山东大学博物馆。

饰品。器表呈灰白色。低首，曲背，长尾。身上有细线刻纹。

玉斧

商（公元前 1600—公元前 1046 年）

长 11.1、刃宽 4 厘米

1984 年济南大辛庄遗址出土，现藏于山东大学博物馆。

礼器。灰白色。扁长形，弧刃，上端平齐，穿一圆孔，孔上方有一道凹弦纹彩绘，施红彩。

玉钺

商（公元前 1600—公元前 1046 年）

通长 12.4、宽 7.3、刃宽 8.2 厘米

2003 年济南大辛庄遗址出土，现藏于山东大学博物馆。

礼器。玉料墨绿色。铲形，刃微弧。一面平滑，另一面有一纵向浅凹槽。上部有一不规则圆形钻孔，孔径约 1.2 厘米。

玉戈

商（公元前 1600—公元前 1046 年）

援长 23.4、援最宽 6.8 厘米，内长 7.9、宽 6.0 厘米，戈总长 31.9 厘米

2003 年济南大辛庄遗址出土，现藏于山东大学博物馆。

礼器。乳白色。直内，有阑，长援，尖首，双面刃，正面内及援中间出脊，背面脊线只限于援近锋部，背面近阑处援面微下凹，内部有切割时留下的台面。阑部穿，一面钻。内端出刃，内部右上角残断，经磨平。

玉圭

商（公元前 1600—公元前 1046 年）

残长 20.2、宽 3.1 厘米

2003 年济南大辛庄遗址出土，现藏于山东大学博物馆。

礼器。玉料青色。长条形，两侧有刃，顶端微残，经磨平。底端亦残，但未经任何加工。素面，抛光精细，右上角有白色沁痕。

玉鸟饰

商（公元前 1600—公元前 1046 年）

长 8.8、腹最宽 2.4 厘米

2003 年济南大辛庄遗址出土，现藏于山东大学博物馆。

饰品。玉料青色，多白沁。弧形，形似玉璜。鸟冠分叉形，圆目微凸。喙后端两侧分别有两道阴刻线，喙与颈相连处穿孔。腹部及尾部以阴刻显示羽翼。足卧姿，末端刻三凹槽示爪，尾部回勾。脊向两侧分别刻短斜线。

玉斧

商（公元前 1600—公元前 1046 年）

通长 18.2、宽 5.9 厘米

2010 年济南大辛庄遗址出土，现藏于济南市考古研究所。

礼器。大理岩。近长方形，平首，刃角外侈，弧形两面刃。
白色，首部褐沁。

玉镞

商（公元前 1600—公元前 1046 年）
通长 7、最宽处 1 厘米

2010 年济南大辛庄遗址出土，现藏于济南市考古研究所。

透闪石。玉色白褐，平面呈锥形，整体扁平。

一

玉戚

商（公元前 1600—公元前 1046 年）
长 14、宽 8.5～9.6、厚 0.2 厘米

2011 年济南刘家庄遗址出土，现藏于济南市考古研究所。

透闪石。青玉，周边沁蚀呈褐色。器体很薄。整体近长方形，
顶与刃部均略弧，上部有一对钻小圆孔。体两侧中上部有扉棱。

玉柄形器

商（公元前 1600—公元前 1046 年）
长 11.3、柄身直径 2.3 厘米

2011 年济南刘家庄遗址出土，现藏于济南市考古研究所。

透闪石，青玉。柄首蘑菇状，圆柱形颈部微束，柄身上部近圆柱形、下部渐收成双面刃，刃呈三角形、中部尖凸。柄身上部两面阴线刻饰兽面纹，侧面一椭圆形穿孔；下部两面各刻 4 道凹槽。

玉兔

西周（公元前 1046—公元前 771 年）
长 4.9、高 2.1、厚 0.3 厘米

1979 年济阳县刘台子遗址二号西周墓出土，现藏于济阳县博物馆。

装饰品。碧玉，造型精美，兔呈蹲伏欲跃状，抬头，双目炯视前方，长耳向后，前后足欲蹬，尾稍翘，神态生动，是典型的西周早期玉雕艺术风格。

玉鱼

西周（公元前 1046—公元前 771 年）
体长 9.2、宽 3、厚 0.3 厘米

1985 年济阳县刘台子遗址出土，现藏于济阳县博物馆。

装饰品。青白色，有黄、黑斑点。圆眼张嘴，上颌尖翘、下颌圆垂，闭腮。背上有一长条鳍，腹部有一短鳍，作跳跃状，鳍线较粗。分尾下垂，尾尖上、下翘。头部有一钻孔，为一面钻。

玉璧

西周（公元前 1046—公元前 771 年）

直径 3.3、孔径 0.7 厘米

1985 年济阳县刘台子遗址出土，现藏于济阳县博物馆。

素面，中有圆孔，圆周不甚规整。

玉蚕

西周（公元前 1046—公元前 771 年）

体长 4.6、宽 0.7、厚 1 厘米

1985 年济阳县刘台子遗址出土，现藏于济阳县博物馆。

青白色。有黄褐斑。圆眼前突，一大一小，嘴部前伸。
首尾共八节，尾端下垂，口部有一钻孔，为两面钻。

玉石颈饰

春秋（公元前 770—公元前 476 年）

1995 年长清仙人台遗址出土，现藏于山东大学博物馆。

装饰品。共计 47 件。其中白色玉牌 6 件，长方形，正面
细刻花瓣纹，四角各有一暗斜穿；玛瑙珠 33 粒，以红色
为多，圆形，中有穿孔；绿松石珠 3 粒，多呈不规则菱形，
中央纵向穿孔；圆柱形石珠 4 粒，白色；方形玉扣 1 件，
中穿一孔。

玉剑璏

西汉（公元前206—公元8年）
长8、宽2.3厘米

2009年济南魏家庄遗址出土，现藏于济南市考古研究所。

透闪石质。平面圆角长方形，两端向下卷曲，背面附有长方
形銎套，正面长方形框内装饰浅浮雕谷纹，两侧边缘留白。

玉卧马

元（1271—1368年）
通长2.75、宽1.7、厚0.7厘米

2009年济南化纤厂路出土，现藏于济南市考古研究所。

青玉。呈卧状。回首远视，鬃毛清晰可见，身体圆润，
尾部压于后肢下。

济南从商代开始出现青铜器，其中不乏一些重要的商代遗址。小屯遗址 1957 年和 1961 年在兴修水利的过程中共获得青铜器 114 件，17 件有铭文，其中举方鼎、青铜举罍、青铜提梁卣、举贯耳卣、涡纹豆、弦纹爵等均为商代珍贵文物。

刘家庄遗址位于济南市天桥区刘家庄村下。20 世纪 70 年代在此处的防空干道工程中出土了 23 件商代青铜器，其中有鼎、簋、爵、觚、器盖、弓形器。2011 年在刘家庄发掘两座规模较大的墓葬，出土青铜器超过 120 件，种类涉及礼器、兵器、车马器、工具等，有铭文的器物达 13 组。

大辛庄遗址位于历城区大辛庄村东南，是一处重要的商文化遗址，现为全国重点文物保护单位。目前已发掘各种规格的墓葬近 200 座，其中包含一批高规格商代贵族墓，出土铜器近 200 件。在随葬青铜礼器中，觯和小鼎铸造精美，纹饰复杂，表现了当时极高的工艺水平。

仙人台墓地位于长清区五峰镇，1995 年发掘了 6 座西周晚期至春秋晚期的邿国贵族墓，共出土青铜器、玉器和陶器等遗物 320 件，其中带有"邿"字的铭文证明这里是一处古邿国墓地。

济南发掘的汉代王侯墓有四座，也发现了大量青铜器，其中以长清双乳山汉墓和章丘洛庄汉墓陪葬坑最具学术价值。

銅器

青铜举方鼎

商（公元前 1600—公元前 1046 年）
口长 16、口宽 14.2、高 23 厘米

1957 年长清小屯商代墓地出土，现藏于山东省博物馆。

炊食器。略呈长方形，两立耳，四柱状足。边缘饰扉棱，主纹饰饕餮纹，另有夔纹、蝉纹等。内壁铸铭文"举祖辛禹"及族徽。

青铜举罍

商（公元前 1600—公元前 1046 年）
口径 17、腹径 35、高 40 厘米

1957 年长清小屯商代墓地出土，现藏于山东省博物馆。

贮酒器。小口，圆肩，肩两侧附对称两铺首衔环为把手，下腹位于两铺首中间位置附兽头形鋬，小平底，器表饰扉棱，装饰兽面纹和蝉纹。口沿内壁铸铭文"举祖辛禹"及族徽。

青铜提梁卣

商（公元前 1600—公元前 1046 年）

口径长 15、宽 12、通高 19.5 厘米

1957 年长清小屯商代墓地出土，现藏于山东省博物馆。

酒器。整器呈扁圆形，圈足，配蘑菇钮器盖，提梁呈绚索状。主纹饰雷纹，其两侧对称的位置装饰立体兽面。

青铜举贯耳卣

商（公元前1600—公元前1046年）
腹径27、底径19、通高23.5厘米

1957年长清小屯商代墓地出土，现藏于山东省博物馆。

酒器。器、盖均有贯耳，穿戴之物腐朽不存。整体造型呈球形，圈足，沿贯耳装饰涡纹和四叶纹、立体兽面组成的花纹带。器、盖内壁均铸铭文"举祖辛禹"及族徽。

青铜涡纹豆

商（公元前 1600—公元前 1046 年）
口径 19.3、足径 12.5、高 10 厘米

1957 年长清小屯商代墓地出土，现藏于山东省博物馆。

盛食器。深盘，高圈足，腹外壁饰弦纹和六个立体的
涡纹。

青铜弦纹爵

商（公元前 1600—公元前 1046 年）

高 19.5 厘米

1957 年长清小屯商代墓地出土，现藏于山东省博物馆。

饮酒器。卵形腹，前有半圆形的长流，后有三角弧形
的尾，流与腹连接处有对称的两个伞形柱，一侧有桥
形鋬，鋬内腹壁上有铭文"举"及族徽，三棱形足。

青铜鼎

商（公元前 1600—公元前 1046 年）

通高 15.8、口径 12.8、腹最大径 12.6、腹深 8.2、足高 5.3 厘米

1976 年天桥区刘家庄遗址出土，现藏于济南市博物馆。

礼器。折沿立耳，侈口束颈，下腹外鼓，圜底，圆柱形足。腹饰二周弦纹，间铸三组凸起的兽面鼻眼，每组与柱足相对应。

青铜爵

商（公元前 1600—公元前 1046 年）

通高 19.4、流尾长 17.4、足高 9 厘米

1976 年天桥区刘家庄遗址出土，现藏于济南市博物馆。

酒器。宽长流，尖尾，菌状柱紧靠流折，深腹，卵圜底，
三棱锥尖形足外撇，兽首錾。腹部为单层纹饰。

青铜爵

商（公元前 1600—公元前 1046 年）

通高 19、长 11.6、足高 8.3 厘米

1976 年天桥区刘家庄遗址出土，现藏于济南市博物馆。

酒器。流较宽，尾残缺，菌状柱位于流折上，柱顶纹
饰不清，直颈，深腹，卵形底，三棱锥尖形足稍外撇，
兽首状鋬。腹饰饕餮纹两组，下腹壁上似有铭记。

青铜觚

商（公元前 1600—公元前 1046 年）

通高 27.4、口径 15.6、底径 9 厘米

1976 年天桥区刘家庄遗址出土，现藏于济南市博物馆。

酒器。喇叭形口，细腰，圈足，口外饰蕉叶纹 4 条，蕉叶纹下为云雷纹填地的 4 只蚕纹，两两相对；腹与圈足有 4 条对称的扉棱，上下扉棱间有两周凸弦纹，腹与圈足各饰饕餮纹两组，目字形眼，眼球凸起朝下开口，尾上卷，云雷纹填地。圈足上部另有四只云雷纹填地的蝉纹，两两相对。圈足内壁有铭文"父辛"两字。

青铜簋

商（公元前 1600—公元前 1046 年）

通高 15、口径 19.4、底径 14 厘米

1976 年天桥区刘家庄遗址出土，现藏于济南市博物馆。

礼器。方唇折沿，侈口束颈，圆腹外鼓，圈足。颈部
饰牺首 2 个，兼饰云雷纹，腹饰斜方格雷纹乳钉纹，
圈足饰云雷纹，有细棱三条，其内底铸有一族徽，释
为"役"字。

青铜戈

商（公元前 1600—公元前 1046 年）

通长 25、援长 18、銎径 2.8×1.9 厘米。

1976 年天桥区刘家庄遗址出土，现藏于济南市博物馆。

兵器。銎内戈。宽援较长，呈长条三角形，有中脊，前锋较锐，上刃微拱，下刃微内凹。椭圆形銎，梯形内，内上为阴刻兽面纹。

铜爵

商（公元前1600—公元前1046年）
柱高2.2、足高6、通高15.6厘米

2003年济南大辛庄M106出土，现藏于山东大学博物馆。

礼器。扁圆口，窄流，短尾，流略高于尾，单菌形柱，立于流折处，束颈，鼓腹，圜底，条形鋬，三棱尖锥状足。颈部饰一周云雷纹带，柱面饰涡纹。

铜斝

商（公元前1600—公元前1046年）
口径13.6、通高21.2厘米

2003年济南大辛庄M106出土，现藏于
山东大学博物馆。

礼器。侈口，束颈，鼓腹，条形鋬，分裆，空尖锥足，足呈四棱形，棱线分明，足外撇。口沿立两柱，分别对应一足，柱体呈四棱形，柱上有菌形钮，钮上有乳头状突起。颈部饰凸弦纹三周，柱面饰涡纹，鋬的内侧留有清楚的范线。

铜爵

商（公元前 1600—公元前 1046 年）
流尾间宽 14.0、通高 16.5 厘米

2003 年济南大辛庄 M72 出土，现藏于山东大学博物馆。

酒器。窄长流，尖尾，双立柱细高，菌形顶，卵形底，带状半圆形鋬，三棱形尖锥状足。柱顶饰圆涡纹，器鋬内侧的腹部饰凸弦纹三周，鋬下铸阴文族徽。

铜鼎

商（公元前 1600—公元前 1046 年）
口径 17.4、通高 21.5 厘米

2003 年济南大辛庄 M72 出土，现藏于山东大学博物馆。

礼器。窄方唇，斜折沿，口近直，双立耳，深腹，腹壁近直，圜底，三柱形实足。口沿下有一周宽 2.8 厘米的凸起带，其上有 9 个圆饼形装饰，圆饼之上饰乳丁。足部外侧及其所对应的器壁上有清晰的范线。通体有较厚的烟炱痕。

铜提梁卣

商（公元前 1600—公元前 1046 年）

口径 4.1、底径 9.3、通高 17.5 厘米

2003 年济南大辛庄 M106 出土，现藏于山东大学博物馆。

礼器。口外斜，肩、腹相交处有阶，圆鼓腹，圈足，近底处外
凸作宽唇状。肩有双耳与提梁相连，提梁为倒"U"字形。有盖，
盖与提梁有环相套连。肩部为联珠纹和鸟纹带，腹部饰乳丁六
枚和菱形几何纹，圈足上部饰凸弦纹一周，提梁饰"人"字形纹。

铜斝

商（公元前 1600—公元前 1046 年）
口径 15.5、通高 23.4 厘米

2003 年济南大辛庄遗址出土，现藏于山东大学博物馆。

酒器。侈口，束颈，底微下垂。"C"形鋬，空尖锥
足外撇。口沿立两柱，分别对应一足，柱上有菌形钮，
柱顶饰涡纹。颈饰勾连云纹及联珠纹。

铜戈

商（公元前 1600—公元前 1046 年）

长 22.5 厘米

2003 年济南大辛庄 M72 出土，现藏于山东大学博物馆。

兵器。直内戈。三角形援，长方形内，有上下阑及侧阑。
内中部有一穿。素面。表面残留布纹痕迹。

青铜鼎

商（公元前1600—公元前1046年）
高12.5、腹径9.5厘米

2010年济南大辛庄遗址出土，现藏于济南市考古研究所。

礼器。圆形。侈口、尖唇，立耳微撇，束颈，深鼓腹，圆底，三柱状足。颈部饰一周兽面纹，腹部饰九组蝉纹。口沿内侧有一族徽铭文"剌"。

青铜鼎

商（公元前 1600—公元前 1046 年）

长口径 17.1、短口径 16.7、通高 21 厘米

2010 年济南大辛庄遗址出土，现藏于济南市考古研究所。

礼器。直口微敛，方唇，平沿，沿面上立对称拱形双耳，深腹微鼓，圜底。三柱状足。颈部以下饰一周由 4 组兽面纹组成的纹饰带。腹底内侧有一族徽符号"◇"

青铜簋

商（公元前 1600—公元前 1046 年）

最宽处 21.9、口长径 16.2、口短径 15.9、底径 11.8、高 12.2 厘米

2010 年济南大辛庄遗址出土，现藏于济南市考古研究所。

盛器。侈口，束颈，双耳，鼓腹，圈底圈足，圈足上有两镂孔。

铜罍

商（公元前 1600—公元前 1046 年）

口径 13、底径 13.8、通高 37.5 厘米

2010 年济南大辛庄遗址出土，现藏于济南市考古研究所。

盛器。小口，圆肩，深腹平底。肩上部饰云雷纹及两排联珠纹，肩两侧对称饰兽首形耳，下腹中间饰兽头形鋬。

铜爵

商（公元前 1600—公元前 1046 年）

长 17.9、宽 8.9、高 20.6 厘米

2010 年济南大辛庄遗址出土，现藏于济南市考古研究所。

窄流，尖尾，菌状柱，深腹，卵圆形底，半环形鋬，三棱锥状足，
柱顶饰圆涡纹。

铜爵

商（公元前 1600—公元前 1046 年）
长 16.5、宽 9.1、高 18 厘米

2010 年济南大辛庄遗址出土，现藏于济南市考古研究所。

礼器，酒器。窄流，尖尾，菌状柱，卵圆腹，三棱形尖
足外撇。腹部一半环形鋬。

铜觚

商（公元前 1600—公元前 1046 年）
口径 4、底径 8.3、高 25 厘米

2010 年济南大辛庄遗址出土，现藏于济南市考古研究所。

喇叭口，颈腹较细，高圈足。中部饰云雷纹和扉棱，下部饰
云雷纹和"十"形镂孔。

铜戈

商（公元前 1600—公元前 1046 年）
长 24、宽 7 厘米

2010 年济南大辛庄遗址出土，现藏于济南市考古研究所。

内上一穿，上下阑突出，三角形援上中脊突出。

铜戈

商（公元前 1600—公元前 1046 年）
总长 24、宽 7.55 厘米

2010 年济南大辛庄遗址出土，现藏于济南市考古研究所。

兵器。三角形援，长方形内，有上下阑及侧阑。内中部有一穿，上饰云雷纹。

铜爵

商（公元前 1600—公元前 1046 年）
通高 20.1、最长 17.1、最宽 9.4 厘米

2010 年济南大辛庄遗址出土，现藏于济南市考古研究所。

酒器。窄流，长尖尾，菌状钮，卵圆形底，半圆形鋬，三棱
形锥足。合范铸造而成 。鋬内侧有一族徽文字"劂"。

铜鼎

商（公元前 1600—公元前 1046 年）

通高 19、口径 15.3 厘米

2011 年济南刘家庄遗址出土，现藏于济南市考古研究所。

礼器。近直口，斜沿，方唇，束颈、直腹微鼓，圜底。三柱状足稍外撇。口上有方形双立耳。腹部有六条扉棱，其间以夔纹填充。

铜鼎

商（公元前 1600—公元前 1046 年）

通高 16.7、口径 12.8 厘米

2011 年济南刘家庄遗址出土，现藏于济南市考古研究所。

礼器。扁足。圆形，侈口，方唇，直耳略外斜，浅弧腹，圜底。三夔形扁足，夔首向上，夔尾扁平。腹中饰一圈纹饰带，带中有六条扉棱，共三组夔纹，以云雷纹为地。腹内底部有铭文" "。

铜爵

商（公元前 1600—公元前 1046 年）
通高 20.4、足高 8.3 厘米

2011 年济南刘家庄遗址出土，现藏于济南市考古研究所。

长流，尖尾，菌状柱，深腹，卵圆形底，兽首形鋬，三棱锥状足。柱顶饰圆涡纹。口、流、尾下饰蕉叶纹。腹上部三条扉棱，与鋬均匀分布，并以云雷纹为地饰两兽面纹。鋬内腹壁有铭文"▮"。

铜爵

商（公元前 1600—公元前 1046 年）
通高 19.3、足高 8.5 厘米

2011 年济南刘家庄遗址出土，现藏于济南市考古研究所。

窄流，尖尾，菌状柱，深腹，卵形底，兽首形鋬，三棱锥状足。柱顶饰圆涡纹。口、流、尾下饰蕉叶纹。腹上部三条扉棱，与鋬均匀分布，并以云雷纹为地饰两兽面纹。

铜觚

商（公元前 1600—公元前 1046 年）
口径 14.5、高 26.5 厘米

2011 年济南刘家庄遗址出土，现藏于济南市
考古研究所。

形体细长。口外张，细颈，腹壁较直，中腰
微外鼓一周均匀分布 4 个乳丁。圈足做阶状。
直腹，平底，高圈足。圈足内铭文"子工父巳"

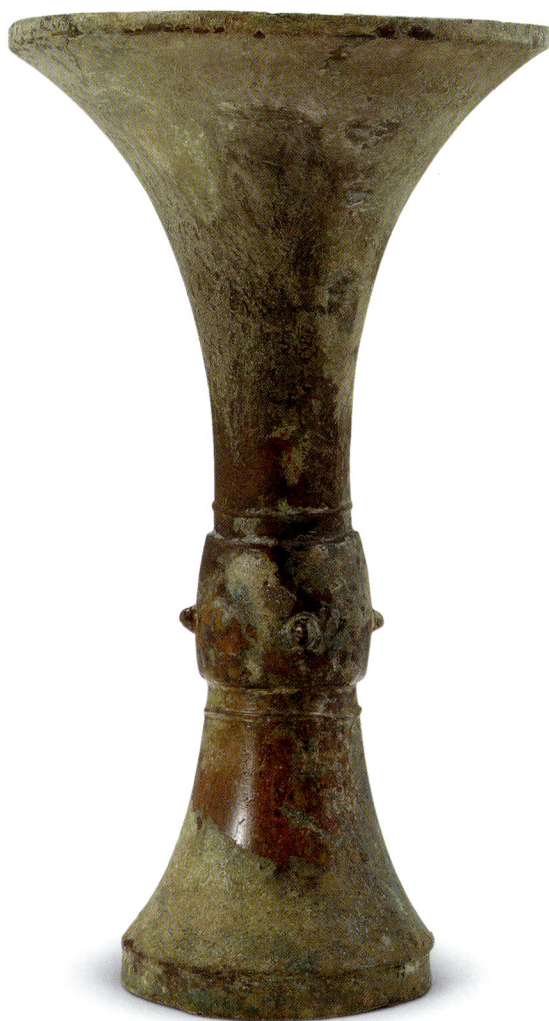

弓形器

商（公元前 1600—公元前 1046 年）
通长 34 厘米

2011 年济南刘家庄遗址出土，现藏于济南市考古研究所。

弓身扁长，中部略宽，向上拱起，两端与曲臂相连，曲
臂下端接一圆形铃。弓身中部有一中空的椭圆形凸起，
其外饰一八角星纹。

弓形器

商（公元前 1600—公元前 1046 年）

通长 34.8 厘米

2011 年济南刘家庄遗址出土，现藏于济南市考古研究所。

弓身扁长，中部略宽，向上拱起，两端与曲臂相连，曲臂下端接一圆铃。

铜戈

商（公元前 1600—公元前 1046 年）
通长 29 厘米

2011 年济南刘家庄遗址出土，现藏于济南市考古研究所。

兵器。窄长条三角形援，较薄，有上、下阑。曲内呈歧冠形，内部弯曲，两面阳线鸟纹。上有残存木柲的痕迹。

铜矛

商（公元前 1600—公元前 1046 年）
通长 24.1 厘米

2011 年济南刘家庄遗址出土，现藏于济南市考古研究所。

兵器。双叶至骹中部，呈亚腰形。两面叶中部有凹槽，凹槽呈长桃形，双叶底部各有一个近三角形穿孔。

卷首刀

商（公元前 1600—公元前 1046 年）

长 32.5、中宽 5.5 厘米

2011 年济南刘家庄遗址出土，现藏于济南市考古研究所。

兵器。刀身较长，前锋向后弯卷，刃整体较平直、后部呈弧形，背部较薄，有三个长条形穿孔。

鲁伯大父簋

春秋（公元前770—公元前476年）

通高 25.4、口径 20.1、腹径 26 厘米

1970 年历城区北草沟春秋墓出土，现藏于济南市博物馆。

盛器。圆形盖，盖顶圆形把手，簋身鼓腹，龙垂耳，圈足
下附有三兽首状矮足。盖、器均饰窃曲纹及横条脊纹，盖
顶饰变形鸟纹，簋腹内底部铸阴文 3 行、18 字："鲁伯（白）
大夫作姬嬙媵簋，其万年眉寿永宝用"。

异型器

春秋（公元前 770—公元前 476 年）
口径 9.2、盘径 5.9、通高 9.2 厘米

1995 年长清仙人台遗址出土，现藏于山东大学博物馆。

容器。由下部的鼎和上部的盘两部分组成，鼎为平折沿，浅鼓腹，附双耳，圜底，三蹄形足。盘腹略深，平顶盖，上饰一环形钮。腹侧附一管形柱，与腹内不通。

青铜舟

春秋（公元前 770—公元前 476 年）
口长 8.6、口宽 6.6、通高 6.5 厘米

1995 年长清仙人台遗址出土，现藏于山东大学博物馆。

容器。椭圆形，口沿及盖上分别横置 7 个环形钮，上下对应；鼓腹，环形钮，底平滑，蹄形足，素面。

铜鼎

春秋（公元前 770—公元前 476 年）
口径 6.2、通高 7.4 厘米

1995 年长清仙人台遗址出土，现存于山东大学博物馆。

容器。平沿，敛口，有流，双耳，圆底，三蹄形足，瓢形盖上置环形钮，沿下有一小舌，与流口扣合。

铜簠

春秋（公元前 770—公元前 476 年）

器口长 28、宽 24.5、高 8.7 厘米

1995 年长清仙人台遗址出土，现藏于山东大学博物馆。

器盖、器身造型一致，方唇，长方形大敞口，斜直腹，腹侧各有一兽耳钮，平底，圈足外卷，器表饰象首纹。器内的顶部和底部分别有铭文，为对文。铭文为"邿召乍为其旅簠，用实旅粱，用飤诸母诸兄，使爰宝母又疆。"

青铜鸟柱

春秋（公元前770—公元前476年）
通高48厘米

1995年长清仙人台遗址出土，现藏于山东大学博物馆。

方座，中心有一圆柱，柱顶端以及中间各有一飞鸟，
两鸟头方向呈直角，绿松石眼。

青铜鼎

春秋（公元前 770—公元前 476 年）
口径 77、通高 71 厘米

1995 年长清仙人台遗址出土，现藏于山东大学博物馆。

礼器。口微敛，方唇，窄平沿，立耳外撇，浅腹，圜底，
蹄形足，器表饰窃曲纹和一周突棱纹。

青铜鼎

春秋（公元前 770—公元前 476 年）
口径 60、通高 59.5 厘米

1995 年长清仙人台遗址出土，现藏于山东大学博物馆。

礼器。口微敛，方唇，窄折沿，两立耳外撇，垂腹，圜底，
蹄形足，腹饰窃曲纹和凹弦纹。

青铜鼎

春秋（公元前 770—公元前 476 年）

口径 36.3、通高 31、盖径 36.7 厘米

1995 年长清仙人台遗址出土，现藏于山东大学博物馆。

礼器。口微敞，窄折沿，立耳，腹稍深，圜底，蹄形足，平盖，上有方形钮。器表饰窃曲纹，两耳外侧面饰兽面纹。

青铜簋

春秋（公元前 770—公元前 476 年）

口径 19.2、通高 24.2 厘米

1995 年长清仙人台遗址出土，现藏于山东大学博物馆。

盛器。盖呈半球形，圆形捉钮，子母口微敛，双耳呈兽头形，内有向上卷曲的须，耳下附珥，圈足下附三兽面形足，足较高，盖缘、口部和圈足饰窃曲纹和乳丁纹，盖顶与腹部饰瓦楞纹。

青铜盂

春秋（公元前 770—公元前 476 年）
口径 55、通高 38 厘米

1995 年长清仙人台遗址出土，现藏于山东大学博物馆。

水器。敞口，方唇，深腹，腹壁较直，圈足，口沿下
有一对对称的腹耳和一对环形耳。颈部饰窃曲纹，腹
部和圈足饰环带纹。

青铜方壶

春秋（公元前 770—公元前 476 年）

口长 20.2、宽 15.5、通高 63.5 厘米

1995 年长清仙人台遗址出土，现藏于山东大学博物馆。

酒器。通体扁方，口微敞，长颈稍内束，鼓腹下垂，圈足；器周身饰垂鳞纹、浅浮雕龙纹、环带纹、宽带纹、蟠龙纹。

青铜豆

春秋（公元前 770—公元前 476 年）

口径 26.5、通高 32 厘米

1995 年长清仙人台遗址出土，现藏于山东大学博物馆。

盛器。浅平盘，折壁，粗矮柄，喇叭形足，覆盘形盖，盖顶有花瓣形捉钮；盖面饰凤鸟纹，盖顶饰一卷曲凤纹，足饰镂空环带纹。

青铜甬钟

春秋（公元前 770—公元前 476 年）

共 11 件，最大的通高 66、铣长 42.5 厘米，最小的通高 22.5、铣长 14.3 厘米

1995 年长清仙人台遗址出土，现藏于山东大学博物馆。

乐器。钟为合瓦形，铣间为弧形，钲部有枚 3 层，每层 6 枚，钟的内部边缘处，多处留有弧形凹槽，应为调音槽，器表饰乳丁纹和蟠螭纹。

青铜钮钟

春秋（公元前 770—公元前 476 年）

共 9 件，最大的通高 24.6、铣长 20.4 厘米，最小的通高 13、铣长 11 厘米

1995 年长清仙人台遗址出土，现藏于山东大学博物馆。

乐器。钟为合瓦形，索形钮，钟内壁有调音槽，正中有一圆圈，器表饰云纹、梯形纹和圆圈纹。

铜提梁小罐

春秋（公元前 770—公元前 476 年）

口径 8.5、通高 9.2 厘米

1995 年长清仙人台遗址出土，现藏于山东大学博物馆。

容器。通体球形，子母口内敛，圆鼓腹，腹部附链式提梁，圈足，器身饰蟠螭纹，盖成半球形，盖顶有一作飞翔状小鸟，两环形钮与提梁套在一起。

青铜盘

春秋（公元前 700—公元前 476 年）

口径 43.5、通高 7.2 厘米

1995 年长清仙人台遗址出土，现藏于山东大学博物馆。

盛器。窄沿，浅腹，腹耳，平底，圈足，足沿有凸棱一周。盘内底有铭文 6 行 42 字，重文 3 字，铭文为："寺子姜首及邿，公典为其盥盘，用旂（祈）眉寿难老，室家是保。它（佗）熙＝，男女无期。于冬（终）又（有）卒。子＝孙＝永保用之，丕用勿出。"

铜舟

春秋（公元前700—公元前476年）

长口径 14.3、短口径 11.5、通高 7 厘米

2005年济南甸柳新村出土，现藏于济南市考古研究所。

椭圆形口，略敛，鼓腹，平底。腹部附加两个环形耳。

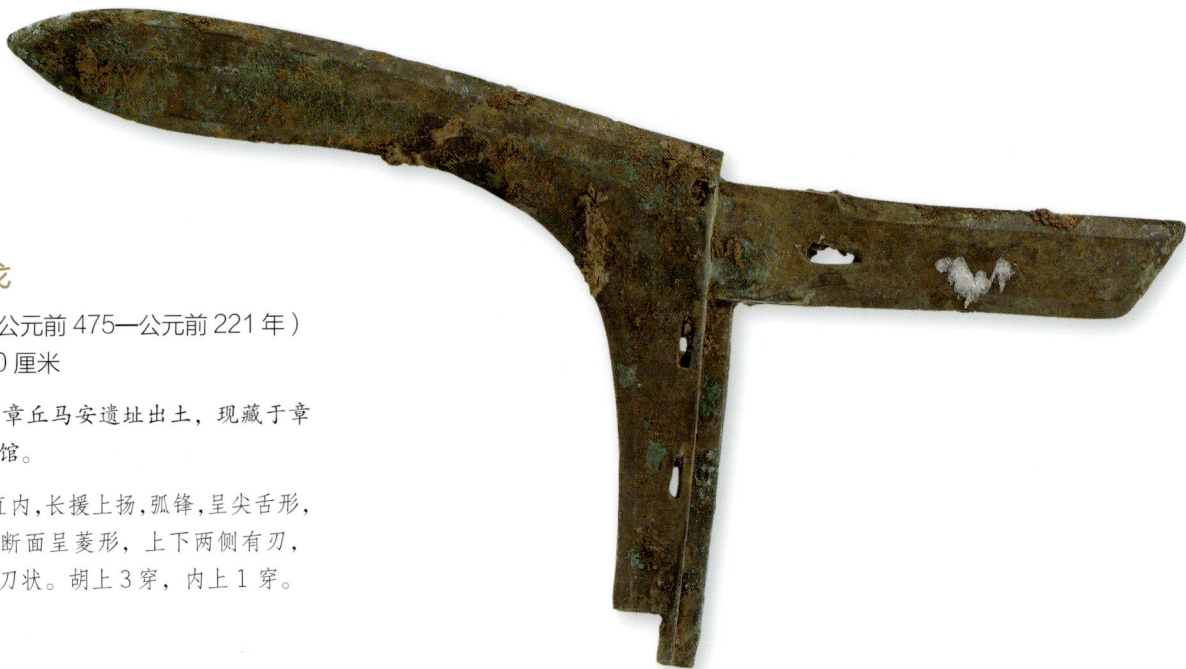

青铜戈

战国（公元前 475—公元前 221 年）
通长 30 厘米

2004 年章丘马安遗址出土，现藏于章
丘博物馆。

兵器。直内，长援上扬，弧锋，呈尖舌形，
棱脊，断面呈菱形，上下两侧有刃，
内呈尖刀状。胡上 3 穿，内上 1 穿。

青铜剑

战国（公元前 475—公元前 221 年）
剑身长 33.2、最宽处 4、通长 41.9 厘米

2004 年章丘马安遗址出土，现藏于章丘博物馆。

兵器。剑身棱形窄格，有首，无箍。圆空心茎，剑身
窄长，剑身前端三分之一处较细，中间起脊，脊柱明
显。颜色黄色，剑身刃部略有缺口，剑身断面呈菱形，
中脊较高起棱，两侧各有一棱，与刃部形成血槽。

铜提梁壶

战国（公元前 475—公元前 221 年）

通高 49.5、壶高 32、口径 11.3、底径 11.2、腹径 19.1 厘米

1997 年济南市洮源路中银工地出土，现藏于济南市考古研究所。

尖唇侈口，束径，斜肩，鼓腹，矮圈足，肩部饰二对称圆环。盖微鼓，上有一钮二环。盖口子榫与壶口套合严密，"8" 字形链条通过环、钮将盖与器身连在一起。

鎏金青铜车軏

西汉（公元前 206—公元 8 年）

长 24.3、高 10.8 厘米

1996 年长清双乳山一号汉墓出土，现藏于长清区博物馆。

车马器。前端为一昂首曲颈的兽首，后为长方筒状，上有一穿。

青铜金银镶嵌轴饰

西汉（公元前 206—公元 8 年）

长约 7.1、宽 2.6—6.2、厚 1.5 厘米

1996 年长清双乳山一号汉墓出土，现藏于长清区博物馆。

车马器。整体呈铲形，宽端一面饰错金银花纹。

青铜壶

西汉（公元前 206—公元 8 年）
口径 17.3、高 35.6 厘米

1996 年长清双乳山一号汉墓出土，现藏于长清区博物馆。

酒器。口微敞，颈较长，鼓腹，腹侧有两个对称的铺首衔环，圈足，腹饰三条宽带纹。

青铜钫

西汉（公元前 206—公元 8 年）
口径 12、高 37.7 厘米

1996 年长清双乳山一号汉墓出土，现藏于长清区博物馆。

酒器。方口，鼓腹，空方足，腹侧有对称的兽面铺首衔环，
素面。

青铜鼎

西汉（公元前206—公元8年）

口径17.2、通高22.1厘米

1996年长清双乳山一号汉墓出土，现藏于长清区博物馆。

盛器。子母口内敛，腹耳，深腹，圜底，兽蹄形足；腹中部饰一周凸棱，素面，口沿有"曲庙并重廿一斤四两"文字。

青铜熏炉

西汉（公元前206—公元8年）

口径9.5、通高13厘米

1996年长清双乳山一号汉墓出土，现藏于长清区博物馆。

香薰。子母口，微鼓腹，圜底，喇叭形足，镂孔盖，腹外
有一对铺首衔环，顶饰浮雕蟠龙纹。

鎏金青铜钩

西汉（公元前206—公元8年）
长约5.7—6.1厘米、壁厚约0.1—0.2厘米

1996年长清双乳山一号汉墓出土，现藏于长清区博物馆。

车马器。4件，形制相同。钩状，中空，与钩相对的一面中部有一个三角形缺口。

鎏金青铜轭角

西汉（公元前206—公元8年）
长9.5、高4.5—5.5厘米

1996年长清双乳山一号汉墓出土，现藏于长清区博物馆。

车马器。3件，形制相同。兽头形，外凸眼，厚唇，中空构造，背面饰"云"纹；中间一件额部装饰一环钮。

当卢

西汉（公元前 206—公元 8 年）
通长 27—17.6、上部宽 11.1—11.6、厚 0.1—0.2 厘米

1996 年长清双乳山一号汉墓出土，现藏于长清区博物馆。

车马器。4 件，形制相同。正面镀金，阴刻为变形云纹，
背面有环状钮。

鎏金轴饰

西汉（公元前 206—公元 8 年）

长约 10.5、宽 10 厘米

1996 年长清双乳山一号汉墓出土，现藏于长清区博物馆。

车马器。整体呈铲形，外侧镀金，下部为兽面浮雕形。

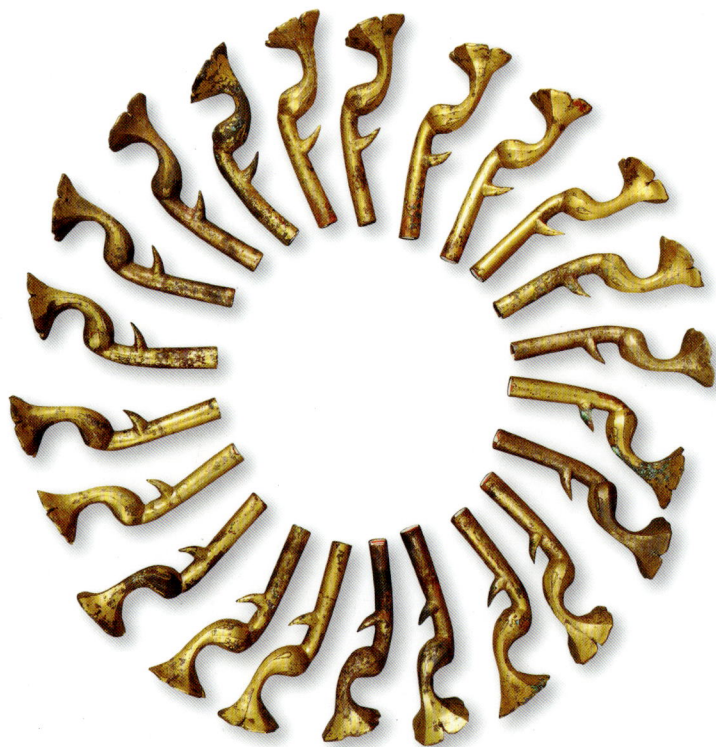

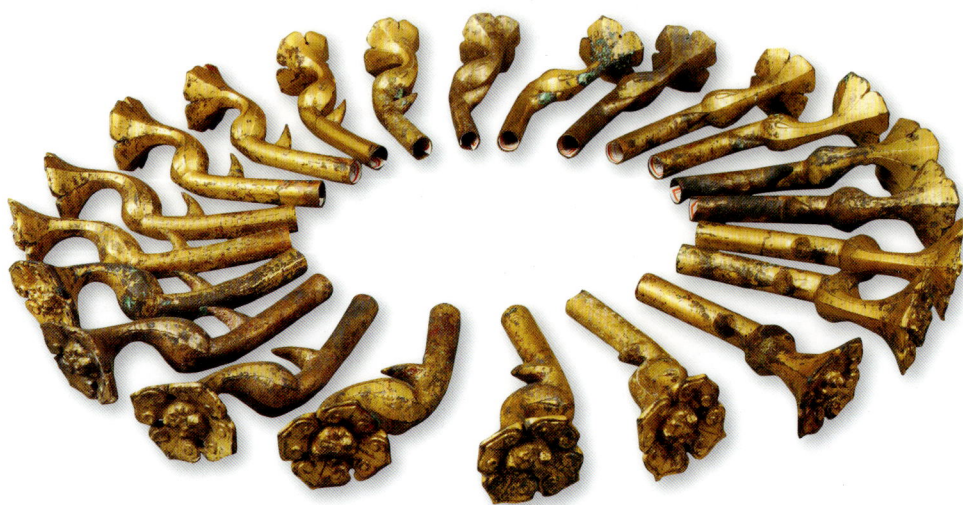

镀金青铜盖弓帽

西汉（公元前206—公元8年）

长约12—12.8、径1.3、厚0.1厘米

1996年长清双乳山一号汉墓出土，现藏于长清区博物馆。

车马器。一端呈长筒状，一端呈如意状，顶部中间饰熊头纹样。

鎏金青铜轭角

西汉（公元前 206—公元 8 年）
长 8.5、宽 4.3、高 4.4 厘米

1996 年长清双乳山一号汉墓出土，现藏于长清区博物馆。

车马器。兽形，厚唇凸目，尾部呈锯齿状。

错金银环

西汉（公元前 206—公元 8 年）
外径 3.5、内径 1.8 厘米

1996 年长清双乳山一号汉墓出土，现藏于长清区博物馆。

车马器。4 个错金银环，大小相同，正面饰错金银云纹、山形纹、飞禽走兽纹等，背面素面。

错金银车軎

西汉（公元前206—公元8年）

外侧直径3.8、内侧直径6、长5厘米

1996年长清双乳山一号汉墓出土，现藏于长
清区博物馆。

车马器。2件，形制相同，中间饰一周凸棱纹，
附有兽面形辖头，軎身饰错金银云雷纹。

鎏金铜当卢

西汉（公元前 206—公元 8 年）

长 16.5、宽 7.8、厚 1.4 厘米

1999 年章丘洛庄汉墓出土，现藏于济南市考古研究所。

马具。装饰在马头上的器具，上面呈圆弧形，下为锐
三角形，整体为镂空透雕，雕刻一四足腾飞的马纹样。

青铜甬钟

西汉（公元前 206—公元 8 年）

通高 50.8—58.8、铣长 20.5—23.7、铣宽 18.5—20.9 厘米

2000 年章丘洛庄汉墓出土，现藏于济南市考古研究所。

乐器。一组 5 件，钟为合瓦形，铣间为弧形，钲部有乳丁纹 3 层，每层 6 枚，内腔调音痕迹明显。

青铜钮钟

西汉（公元前 206—公元 8 年）

通高 13.5—28.2、铣长 7.7—16.3、铣宽 6.6—13.7 厘米

2000 年章丘洛庄汉墓出土，现藏于济南市考古研究所。

乐器。一组 14 件，矩形钮，合瓦形音腔，铣间为弧形，钲部有乳丁纹 3 层，每层 6 枚，调音槽明显。

青铜錞于

西汉（公元前 206—公元 8 年）

通高 48.3、长 25.8、宽 22.6 厘米

2000 年章丘洛庄汉墓出土，现藏于济南市考古研究所。

乐器。圜首，直立。顶部有环钮，圆肩，腰略束，平口外撇，腰部两面中央饰"一笔画"鹰纹。

铜量

西汉（公元前 206—公元 8 年）

总长 12.8、高 5.2 厘米

1999 年章丘洛庄汉墓出土，现藏于济南市考古研究所

圆台形，直壁，深腹，平底。腹上部一管形柄。

铜肋驱（方銙）

西汉（公元前206—公元8年）

1. 长5.6厘米、2. 长7.3厘米、3. 长3.8厘米、4. 长3.8厘米

2000年章丘洛庄汉墓出土，现藏于济南市考古研究所。

车马器。圆形銮，变体龙首形。长方形銙。一套4件。

鎏金铜节约

西汉（公元前206—公元8年）
长3厘米

1999年章丘于洛庄汉墓出土，现藏于济南市考古研究所。

马饰品。鎏金。近椭圆形，正面浮雕一熊，背面二长方形纽。

鎏金铜瑟枘

西汉（公元前206—公元8年）
帽径4.8、柄径1.9、通高4.8厘米

2000年章丘洛庄汉墓出土，现藏于济南市考古研究所。

乐器构件。一组4件。顶端周边饰索状纹，中心为变形熊首纹。

铜瑟钥

西汉（公元前 206—公元 8 年）

左：长 13.5、底径 1.5、銎口边长 0.86 厘米

2000 年章丘洛庄汉墓出土，现藏于济南市考古研究所。

乐具。一组 3 件。其外形呈槌状，钥口端外为圆形，内为方銎，以与瑟轸相合，另一端手握较粗，略有差别。

青铜轭角

西汉（公元前206—公元8年）

长8.3、宽4、高4.3厘米

2000年章丘洛庄汉墓出土，现藏于济南市考古研究所。

马具。一组4件，大小形制相同，兽头形轭角。厚唇凸目，尾部呈锯齿状。

青铜鑻軏

西汉（公元前206—公元8年）

长4.4、宽4.2、高2.6厘米

2000年章丘洛庄汉墓出土，现藏于济南市考古研究所。

车器。兽头形軏饰。圆睁双眼，阔鼻大口，颇具狰狞之势。

青铜兽饰

西汉（公元前206—公元8年）

长4.8、宽6.5厘米

1999年章丘洛庄汉墓出土，现藏于济南市考古研究所。

马具。圆眼阔口、嘴巴较长，尾巴作飞翔状。左口内无齿，右口内有齿。

车双軎

西汉（公元前206—公元8年）

2000年章丘洛庄汉墓出土，现藏于济南市考古研究所。

车马器。铁辖，近外口处有一铁销。

鎏金铜车軎

西汉（公元前 206—公元 8 年）

左：上径 4.8、下径 9、通高 8.8 厘米

右：上径 4.8、下径 9.1、通高 8.7 厘米

2000 年章丘洛庄汉墓出土，现藏于济南市考古研究。

车马器。台形，中间有一周凸棱，附有车辖，并与铁铜紧连。軎头呈兽面形，辖身为条状。

鎏金铜车轙

西汉（公元前 206—公元 8 年）

2000 年章丘洛庄汉墓出土，现藏于济南市考古研究所。

整体呈桥形，底部方足外凸。

从　新石器时代开始，人们便用动物骨骼磨制成簪、锥、镞等用品，月庄遗址是济南发现的山东地区最古老的新石器文化之后李文化典型遗址之一，2000 年发掘出土了骨镞等精美骨器。2010 年大辛庄遗址出土的凤鸟骨簪，显示了高超的透雕技术和丰富的想象力。同是大辛庄遗址出土的一件甲骨卜辞，更是震惊了中外学术界，这是在殷墟以外第一次发现的商代甲骨卜辞。

1997 年 7—10 月，在济南城区泺源大街中银大厦工地发现的战国墓中，一次性发掘出土 600 余枚骨贝，显示了墓主特殊的地位。洛庄汉墓 11 号陪葬坑出土的象牙实用马镳在以往的考古发现中极为少见，体现了墓主人诸侯王的高贵身份。

黄金制品在济南地区发现的古墓中不乏其例，大辛庄商代 139 号墓中曾发现两片金箔，双乳山西汉济北王墓中发现的 20 块金饼已属重要考古发现，其总重量达 4262.5 克。殊为难得是洛庄汉墓 9 号陪葬坑中发现了造型特殊的纯金马饰品，一些专家认为具有北方草原文化风格，这在中原地区实属罕见。

2008 年在济南老城卫巷遗址的发掘中，在一处房址的墙角发现了一罐金银器，其中金器有 10 件，推测是宋金之际因躲避战乱而藏。而长清宋代真相院释迦舍利塔地宫出土的银罗汉，在佛教地宫发现史上殊为难得。

骨镞

后李文化（公元前 6400—公元前 5700 年）

长 10.96、宽 1.41、厚 0.55 厘米

2003 年长清月庄出土，现藏于济南市考古研究所。

工具。通体磨光，长圆挺，双镞身。

刻字卜甲

商（公元前 1600—公元前 1046 年）

长 18、宽 10.7 厘米

2003 年济南大辛庄遗址出土，现藏于山东大学博物馆。

祭祀、占卜。该卜甲由 4 块甲片缀合而成，保存了右甲桥、
前右甲、后右甲、尾右甲和尾左甲以及前左甲、后左甲
的大部分。钻、凿、灼具备，钻、凿排列规整。刻辞内
容为卜辞，分布于前左、右甲和左、右甲。可识别的字
有 36 字。它是继安阳殷墟以外第一次发现甲骨卜辞，是
中国甲骨学史上具有界标意义的发现。

骨簪

商（公元前 1600—公元前 1046 年）
长 8.09、最宽 2.13、厚 0.19—0.76 厘米

2010 年济南大辛庄遗址出土，现藏于济南市考古研究所。

簪体残。骨制。磨光。簪首为一站立凤鸟。锯齿状长冠向后高耸卷曲，尾部下垂。喙部稍下弯，足部呈梯形立于簪体上方。目视前方，神态安详。尾端尖长锋利。凤身饰三条弦纹。

贝饰

战国（公元前 475—公元前 221 年）
长 1.9、宽 1.2、厚 0.3 厘米

1997 年济南中银大厦战国墓出土，现藏于济南市考古研究所。

骨制。仿齿贝，磨光。

金饼

西汉（公元前 206—公元 8 年）

直径 6.7 厘米左右，重 246 克左右。

1996 年长清双乳山一号汉墓出土，现藏于长清区博物馆。

共 20 枚，刻有不同的文字或符号。正面中心内凹，边缘突出，上卷光滑，背面隆起，浇铸滴痕清晰，高低不平。

金节约

西汉（公元前 206—公元 8 年）

左：长 4.5、宽 3.5、高 1.9 厘米

右：长 4.1、宽 3.4、高 1.9 厘米

1999 年章丘洛庄汉墓出土，现藏于济南市考古研究所。

马具。正面铸成浮雕图案，为一现实中不存在的怪兽。其头顶似为变形鹿茸，嘴部呈圆形，似鹰喙，又呈封闭状，眼圆凸，耳呈马或鹿耳状，下颌方圆，似鸟非鸟，似兽非兽。表面刻划有"之"字形纤细纹饰，节约背面为单桥形纽。

封泥

西汉（公元前 206—公元 8 年）
长 3.7、宽 2.9、厚 1.5 厘米

1999 年章丘洛庄汉墓 3 号坑出土，现藏于济南市考古研究所。

封泥。保存较完整，呈不规则形，泥质红褐色，泥面钤印篆体"吕大官印"。

封泥

西汉（公元前 206—公元 8 年）
直径 3、厚 0.5 厘米

1999 年章丘洛庄汉墓 4 号坑出土，现藏于济南市考古研究所。

封泥。保存较好，呈圆形，泥质红褐色，泥面钤印篆体"吕内史印"。

象牙马镳

西汉（公元前 206—公元 8 年）
长 37.7、宽 1.8、高 1.2 厘米

2000 年章丘洛庄汉墓出土，现藏于济南市考古研究所。

象牙制。长方条形，微折，表面有凹槽，侧面有对穿孔。

水晶印章

西汉（公元前206—公元8年）

印面边长2.4、高1.7厘米

2001年9月济南市市中区腊山汉墓出土，现藏于济南市考古研究所。

水晶质。整体透明，正方形，覆斗纽，鸟虫书体阴文，印文为"傅恶女"。

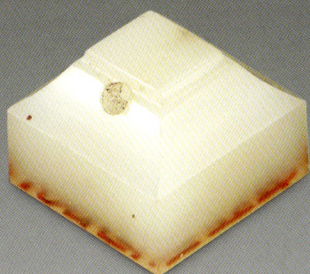

玉髓印章

西汉（公元前206—公元8年）

印面边长1.9、高1.4厘米

2001年9月济南市市中区腊山汉墓出土，现藏于济南市考古研究所。

玉髓质。正方形，覆斗纽，上端正中有一个穿孔，篆体阴文，印文为"妾恶女"。

宗教。9件。北宋元丰八年（1085年）造。均立姿，比丘装束，上身着右衽长袍，
左肩披裂裟，下身着裙裤，姿态各异。人物雕像，小巧精细，神态各异。表情作端庄、
愁苦、痛苦等状，服饰錾刻花纹各有不同，其中五件身背、足部阴刻有铭文。

银罗汉

宋（960—1279年）

高 10.1—13、宽 3—3.9、厚 2.1—2.9 厘米

1965 年长清宋代真相院释迦舍利塔地宫出土，现藏于长清区博物馆。

宗教。9件。北宋元丰八年（1085年）造。均立姿，比丘装束，上身着右衽长袍，
左肩披裂裟，下身着裙裤，姿态各异。人物雕像，小巧精细，神态各异。表情作端庄、
愁苦、痛苦等状，服饰錾刻花纹各有不同，其中五件身背、足部阴刻有铭文。

凤头金钗

宋（960—1279 年）

长 22.6、宽 4.4 厘米，重 52.40 克

2008 年济南卫巷遗址出土，现藏于济南市考古研究所。

饰品。圆柱形钗身，顶端呈"S"形。簪首透雕，锤揲作
凤鸟状，头戴花冠，喙部微张下弯，凤身处镂孔。凤翅
高高翘起，周围绫缎缠绕，作振翅高飞之势。

化生童子金耳坠

宋（960—1279 年）

左：长 2.9、宽 1.37 厘米

右：长 2.88、宽 1.30 厘米

2008 年济南卫巷遗址出土，现藏于济南市考古研究所。

饰品。一对。使用锤揲、錾刻、镂空、掐丝等工艺打造为化生童子形象。童子头戴花冠，脸庞丰润，眉眼清晰，手持莲花，繁杂璎珞缠身，立于莲花座上。